Peace Studies

平和研究と憲法

Peace Research and Constitution

日本平和学会編

早稲田大学出版部

**Peace Research and Constitution,
Peace Studies Vol. 50**

The Peace Studies Association of Japan
email: office@psaj.org
http://www.psaj.org/

First published in 2018 by
Waseda University Press Co., Ltd.
1-9-12 Nishiwaseda
Shinjuku-ku, Tokyo 169-0051
www.waseda-up.co.jp

© 2018 by The Peace Studies Association of Japan

All rights reserved. Except for short extracts used for academic purposes or book reviews, no part of this publication may be reproduced, stored in a retrieval system, or transmitted in any form whatsoever—electronic, mechanical, photocopying, or otherwise—without the prior and written permission of the publisher.

ISBN 978-4-657-18016-2
Printed in Japan

巻　頭　言

平和研究は憲法をどのようにとらえるか

　世界の平和研究の教科書や研究書，あるいは世界の大学の平和学関連科目のシラバスを見ると，国際法が取り上げられることはときどきあるが，憲法が扱われることはまれである。それとは対照的に，日本の平和研究において憲法の占める位置はきわめて大きい。それはもちろん，1946年日本国憲法の平和主義が，戦後日本国家のあり方を規定し，東アジア地域秩序・世界秩序に決定的な影響を与えたからである。平和研究者がこれほど憲法問題を考える国はほかに思いつかない。1973年9月10〜11日に，東京の国際文化会館で開催された日本平和学会の設立総会・研究会においても，日本の平和研究を規定するものとして憲法規範の意義が自覚されていた（石田［1974］）。しかし，平和研究と憲法との関係については，多角的な考察を必要とする。

1　「啓蒙のプロジェクト」としての憲法平和条項

　憲法（constitution）とは，政治共同体・政治権力を構成・組織し，同時にそれを規制する基本原理である。「政治共同体あるところ憲法あり」ということになる。古代ギリシャのポリスにはポリスの憲法があり，ビザンツ帝国にはビザンツ帝国の憲法がある。憲法の存在は1つのまとまった法典のかたちをとるかどうかとは別の問題である。西洋の近世から近代にかけて，政治権力・政治共同体は領域国家・主権国家というかたちで編成されるようになり，主権国家の政治権力を樹立し，それを規制するものとし

i

て，成文憲法がつくられるようになった。

　アメリカ革命期の州憲法，連合規約，合衆国憲法，フランス革命期の諸憲法が，いまわれわれが持っている憲法の原型である。国家の軍事力と戦争遂行を規制することは，憲法の大きな関心事であり，憲法は軍事力と戦争を規制する条項＝平和条項を持っているのがふつうである。たとえば，ヴァージニア権利宣言（1776年）13条は「武器の訓練を受けた人々によって構成される規律正しい民兵は，自由な国家にふさわしい，自然にして安全な防衛である。平時における常備軍は自由にとって危険なものであり，忌避すべきものである。いかなる場合にも，軍事権力は政治権力に厳正に服従し，その統制の下におかれなければならない」と規定している。この常備軍の忌避の思想は，ヴァージニア権利宣言の19年後に書かれたカント『永遠平和のために』（1795年）の第3予備条項「常備軍は時とともに全廃されなければならない……だが国民が自発的に一定期間にわたって武器使用を練習し，自分や祖国を外からの攻撃に対して防備することは，これとはまったく別の事柄である」と響き合っている。

　フランス革命期の最初の成文憲法，1791年憲法は，第6篇（フランス国民と他国民との関係）においてフランス国民は征服戦争を放棄すると規定すると同時に，第4篇（公の武力）において「外国の侵略から国家を防衛し，国内の秩序維持と法の執行を確保するために，公の武力が樹立される」と規定する。米仏のこれらの条項が憲法平和条項の原型である。その後，戦争権限の民主的統制（議会による統制）の規定，軍備の規制・常備軍の制限ないし禁止の規定，軍隊の文民統制の規定，良心的兵役拒否権を保障する規定など，憲法平和条項は当該国家の歴史的文脈に応じて多様な展開を見せる。とはいえ，大掴みにいうならば，憲法によって国家の武力行使を規制しようとする考え方は，18世紀欧米の啓蒙の時代のプロジェクトである（Richmond［2014］）。日本国憲法9条を含む世界の憲法平和条項はこの系譜のもとにある。18世紀後半から20世紀にかけて，主権国家から成る国際社会＝主権国家システムが形成されるが，軍事的主権をもった国

家の憲法がその国家の武力行使を規制するという構図が基本となった。日本国憲法9条を見る場合も，18世紀以降の世界の憲法平和条項を包括的に把握したうえで，歴史的構造的な国際比較研究の基礎のうえに，日本国憲法9条の特徴をとらえることが欠かせない（深瀬 [1987]；辻村 [2018]）。

2　核兵器がつくりだした世界

20世紀において，最初の総力戦としての第1次世界大戦後，主権国家の武力行使を規制する国際法の発展が見られるが，核兵器の出現は主権国家システムに不可逆的なインパクトを与えたであろう。核兵器の出現は人類社会を根本的に変えた。

17世紀の科学革命以来の自然科学とりわけ物理学の発展の到達点として，20世紀の相対性理論と量子力学の出現がある。量子力学の研究過程で発見された核分裂反応から核エネルギーを解放することに人類は成功した。第2次世界大戦中の米国の極秘の国家プロジェクト，マンハッタン・プロジェクトが，この核エネルギーを核兵器として実用化した。マンハッタン・プロジェクトによって，戦争と平和を考えるときの構図が根本的に変わったというべきであろう。

まず，核兵器の破壊力は，主権国家間の紛争解決・武力行使の手段としての合理性を超えている。武力行使は大国間の核戦争にエスカレートする可能性があり，それは人類絶滅の可能性をも示した。広島・長崎の被爆体験はわれわれの危機感を根拠づける。また，マンハッタン・プロジェクトによって，科学技術者集団，軍部，国家官僚機構，産業界の複合体（軍産官学複合体）が形成された。現代においては，核兵器の破壊力ゆえに，核兵器は実戦では使えない兵器となり，軍事力は物理的力というよりもむしろ心理的力として威力を発揮する。また，核兵器開発を契機として官僚を中枢とする巨大な国際的国内的管理社会が出現した（以上について，内藤 [1985]；坂本 [2015]）。

第1章の内藤酬論文は，20世紀前半の物理学の革命の時期における自然認識の変化，またそれといわばパラレルに進展していた西田幾多郎の哲学の深化を跡づけたうえで，量子力学と西田哲学において起きた「場所論的転回」後の世界における日本国憲法9条の意味を述べている。それは，「核兵器がつくりだした世界の構造を核兵器なしで受け継ぐ」ということであるという。あるいは，広島・長崎の悲劇は核時代の入口を意味し，憲法9条はその出口を示す，とも内藤は述べている。

核兵器の地球的規模の破壊力は，地球的規模の構想力を求めている。あるいは，「地球的規模の政治的統合を『政治が世界内政治に変わる』方向に考えなければならない」。マンハッタン・プロジェクトで核兵器開発に携わっていた物理学者たちは，原爆が国家主権の概念の再定義を迫ることに気づいていた（バード＆シャーウィン［2007］）。主権国家システムは変わらざるをえないということである。日本の物理学者，湯川秀樹も同じ趣旨の見解を表明している。彼らは，主権国家システムの無政府性は核兵器を規制できない，世界政府ないし世界連邦が必要である，と考えた。核兵器の開発・使用後の数年間，世界政府論が高揚した時期があった。この時期に，シカゴ大学の研究者を中心に，世界憲法予備草案（The Preliminary Draft of a World Constitution, 1948）が書かれ，この延長線上に，「世界法による世界平和」論（World Peace Through World Law, 1958）がある。これは法律家による詳細な国連改革論である（Kimijima［2011］）。

地球的規模の政治的統合・政治共同体を考える場合，これらの議論は「国内類推」である。かつて国内に散在していた政治権力，武力を中央政府が平定して，中央政府が武力を独占することによって主権国家をつくったプロセスを国際社会でも実現しようという発想である。この考え方は現在では有力であるとはいえない。核兵器出現後，主権国家システムは変わらなければならない。しかし，主権国家システムの変革は，世界政府や世界憲法とは違うかたちで，主権国家がより強く「法の支配」に服する国際社会，主権国家がグローバルな立憲主義に服する国際社会をめざすという

iv

方向で追求されるべきという議論が力を得ているといえるだろう（篠田
［2012］）。

第2章の河上暁弘論文は，核兵器と原発の日本国憲法適合性の問題を詳
細，的確に考察している。3.11以後の日本においては，憲法9条2項によ
って禁止されている「戦力」（war potential）には「戦争に役立つ可能性を
持った一切の潜在的能力」が含まれると解した鵜飼信成説──戦力を最広
義にとらえる少数説──の「再発見」が見られる。この考え方に立てば，
核兵器はもちろん，原発も9条違反となる余地がある。内閣法制局の見解
は，自衛のための必要最小限度の範囲内にとどまるかぎり，核兵器の保
有・使用は憲法9条に違反しない，というものである。また，河上は，中
里見博が自分自身の福島原発事故被害の経験にもとづき，平和的生存権論
を理論的に深めるなかから提唱した「第三の生存権」（憲法25条の社会的生
存権，憲法前文の平和的生存権に続く生存権。原発のもたらす暴力，加害に対
抗する権利）の主張に注目している（中里見［2013］）。原発について，比較
憲法的考察は有益である。日本国憲法9条に近いコスタリカ憲法12条（常
備軍の禁止）を持つコスタリカの最高裁憲法法廷が，2008年に，ウラニウ
ム，トリウムの析出，核燃料の製造，核反応機の製造を認める政令を違憲
無効としたコスタリカの事例，1978年の国民投票で脱原発を選択し，脱原
発政策が法律（原子力禁止法）になり，さらに1999年に憲法規範にまで高
められたオーストリアの事例等はわれわれに示唆を与える（澤野［2015］）。

3　平和条項としての日本国憲法24条

家族圏における男女の同権，個人の尊厳を規定する日本国憲法24条は，
9条とともに平和条項である。それはどういうことか。

一定の領域内で正当な暴力行使を独占するのが近代国家であるが，近代
国家が暴力行使を正当化し，許容する場面は2つある。1つは軍隊の武力
行使であり，もう1つは家族圏における家父長の支配である。近代国家は，

政府が介入する公的領域と政府が介入しない私的領域に社会を二分し，私的領域のうち家族圏を家父長＝夫・父の支配に委ねてきた。そして家父長が自分の領域＝家族圏を統治・支配するとき，究極的には暴力の威嚇または行使が背景にあったであろう。フランス革命後のナポレオン法典は家父長支配の原則，すなわち妻の夫への従属を厳格に規定していたし，19世紀の英米法は夫の妻への懲戒権＝暴力を認めていた。西洋近代とは男性支配の社会であり，近代家族は家父長家族であった。

日本国憲法24条は，いまではよく知られているように，ベアテ・シロタによって起草された。この規定のココロは，日本政府によって変形される前の彼女の草案（マッカーサー草案23条）によく示されている。すなわち「婚姻は，両性の法的・社会的平等性に立脚し，親の強制ではなく相互の合意に基づき，男性の支配ではなく相互の協力により，維持されなければならない」。日本国憲法24条は，家族圏における男性支配の否定を目的としており，その規範的要請には夫の暴力＝ドメスティック・バイオレンスの禁止等が含まれるだろう（辻村［2016］）。

このように見てくると，日本国憲法は9条と24条によって，近代国家において正当化され，許容されてきた2つの領域の暴力——軍隊の暴力と家父長制的暴力——をともに克服しようとするものと見ることができる。9条と24条を一体としてとらえると，日本国憲法は，家族圏から国際社会にいたるまでトータルに暴力の克服をめざす，包括的な徹底した非暴力の規範として立ち現れてくる（君島［2005］；若尾［2014］）。

第3章「平和主義と日本国憲法24条」の著者，若尾典子は，つとに非暴力の規範としての9条と24条の一体的把握を主張してきた憲法研究者である。若尾は，この論文においては，国連において活動を活発化させているキリスト教右派の家族観，2012年自民党憲法改正草案における現行24条批判・家族保護論を批判的に検討している。

他方で，フェミニスト平和研究者たちは，相互依存関係にある軍事主義と家父長制が平和の実現にとって最大の障害であると主張してきた。ここ

で軍事主義とは単に軍隊の問題にとどまらず，軍事力による国家の防衛を重視する価値観・思考様式を指す。脱軍事化をめざす9条と男性支配を否定する24条を持つ日本国憲法のアプローチは，フェミニスト平和研究者の主張と共鳴するのである（リアドン［1988］）。

4　憲法パトリオティズムの可能性

　第4章の暉峻僚三論文は，現在の日本の排外主義，レイシズムを鋭く分析したのち，「個の最大限の尊重」という憲法理念によってネイション＝政治共同体を構築していくわれわれの課題を確認するものである。暉峻は，日本国憲法が内包しているレイシズム，排除の論理として，もっぱら血統に依拠する「天皇制」，植民地出身者・外国人を排除する概念としての「国民」の2つを挙げる。日本国憲法の下で政治共同体をつくる場合，これら2つが持っている排外性・暴力性を意識する必要があろう。エスノセントリズムに依拠するネイション＝政治共同体ではなくて，憲法理念を共有するネイション＝政治共同体がわれわれの目標である。

　われわれが憲法理念を共有する政治共同体をめざす場合，1970年代以来，西ドイツで議論されてきた憲法パトリオティズム（Verfassungspatriotismus, constitutional patriotism）という考え方は参考になるかもしれない。これは，かつてのドイツ国家の罪責や，東西に分断されていたドイツの状況からみて，ドイツ国民のような概念・アイデンティティ，ドイツ国家への愛国心のようなものに依拠して政治共同体を立ち上げることは困難・不適切と考えて，憲法価値への愛着によって政治共同体をつくろうとする考え方である。さらに，ヨーロッパ統合が進展すると，国民国家を超える政治共同体を基礎づけるものともなる（ミュラー［2017］）。

　現在の日本において，憲法パトリオティズムの考え方をどう見ることができるだろうか。暉峻によれば，現在の日本において憲法価値への愛着が充分あるとはいえないということになるだろう。しかし，戦後東アジアに

おいて，日本の市民が政治共同体をつくる場合，天皇制に依拠する共同体，植民地出身者を排除する共同体ではなくて，人間の尊厳，人権保障，民主主義，平和主義といった憲法価値へのコミットメントによって政治共同体をつくっていく方向性，つまり憲法パトリオティズムの方向性がめざすべき方向性なのではなかろうか（樋口［1996］；毛利［2002］；井上［2008］）。

5　憲法研究にとっての平和研究の必要性

先述したように，日本の平和研究は，9条という憲法規範を持ったことの圧倒的な影響を受けてきた。9条という憲法規範は，附随的違憲審査制と相まって，民衆のイニシアティブで日本の軍事化を批判する最大の拠り所となった。9条があるゆえに，戦後日本においては，平和問題は憲法問題となったし，平和運動も憲法訴訟や護憲運動のかたちをとることが多かった。

しかし，これにはマイナス面もある。戦後日本では，平和問題がもっぱら憲法論（解釈論，改正論，擁護論）になってしまい，日本が現実に採用している平和・安全保障政策を内在的に批判して，オルタナティブの平和・安全保障政策を打ち出していくことが不十分であった。また，世界各地の紛争や人道的危機に対する日本の国際平和協力も，自衛隊を派遣するべきか／派遣すべきでないかという議論に傾斜していき，自衛隊を派遣しなければそれだけで平和に近づくかのような錯覚が生じた。戦争を克服し，平和をつくるわれわれの課題にとって，憲法規範はもちろん重要であるが，戦争克服・平和創造のアジェンダは憲法規範を超える広大な領域に及ぶのである（君島［2018］）。

憲法9条は「包括的な平和政策パッケージのコア」というべきものであり，「包括的な平和政策パッケージ」が提示される必要がある。この「包括的な平和政策パッケージ」の中には，日本国憲法の平和主義に適合的な東アジア地域秩序・世界秩序をめざす努力が含まれるであろう。そして，

これらを準備するのは，まさに日本の平和研究の任務である。日本の憲法研究は平和研究を痛切に必要としている。

2018年11月25日

君島東彦 ［立命館大学＝憲法学，平和学］

参 考 文 献

石田雄［1974］，「日本の平和研究の特殊性と普遍性」『世界』340号。

井上典之［2008］，「立憲主義と憲法パトリオティズム」日本公法学会編『公法研究』70号。

君島東彦［2005］，「「普通の近代国家」を超えるプロジェクトとしての日本国憲法──九条と二四条の一体的把握」福島みずほ編『みんなの憲法二四条』明石書店。

君島東彦［2018］，「憲法9条と国際協調主義──平和構築をめぐる議論を整理する」『憲法研究』3号。

坂本義和［2015］，「近代としての核時代」坂本義和『権力政治を超える道』岩波書店。

澤野義一［2015］，『脱原発と平和の憲法理論──日本国憲法が示す平和と安全』法律文化社。

篠田英朗［2012］，『「国家主権」という思想──国際立憲主義への軌跡』勁草書房。

辻村みよ子［2016］，『憲法と家族』日本加除出版。

辻村みよ子［2018］，『比較憲法 第3版』岩波書店。

内藤酬［1985］，『核時代の思想史的研究』北樹出版。

中里見博［2013］，「原発と憲法──第三の生存権へ」全国憲法研究会編『憲法問題24』三省堂。

バード，カイ，マーティン・シャーウィン著，河邉俊彦訳［2007］，『オッペンハイマー──「原爆の父」と呼ばれた男の栄光と悲劇（上・下）』PHP研究所。

樋口陽一［1996］，『転換期の憲法？』敬文堂。

深瀬忠一［1987］，『戦争放棄と平和的生存権』岩波書店。

ミュラー，ヤン＝ヴェルナー著，斎藤一久・田畑真一・小池洋平監訳［2017］，『憲法パトリオティズム』法政大学出版局。

毛利透［2002］，『民主政の規範理論——憲法パトリオティズムは可能か』
勁草書房。

リアドン，ベティ著，山下史訳［1988］，『性差別主義と戦争システム』勁
草書房。

若尾典子［2014］，「近代家族の暴力性と日本国憲法二四条」『法政論集』
（名古屋大学）255号。

Kimijima, Akihiko［2011］, "Global Constitutionalism and Japan's Constitu-
tional Pacifism,"『立命館国際研究』23巻3号。

Richmond, Oliver P.［2014］, *Peace: A Very Short Introduction*, Oxford:
Oxford University Press.

目　次

巻　頭　言

平和研究は憲法をどのようにとらえるか

……………………………………………君島東彦　i

● 依 頼 論 文

1　核なき世界への道

量子力学と西田哲学が指し示す未来………………………内藤　酬　1

2　憲法と核・原子力

………………………………………………河上暁弘　19

3　平和主義と日本国憲法24条

なぜ,「家族保護」論は,「平和主義」に敵対するのか? ……若尾典子　39

4　憲法理念からのネイション意識の再構築

………………………………………………暉峻僚三　59

● 投 稿 論 文

5　「境界を越える」思想

震災後の知と平和学の役割………………………………田村あずみ　81

6　フィリピン市民社会勢力の地方政治権力獲得

………………………………………………東江日出郎　101

7　移行期における立憲主義と正義

南アフリカとネパールの TRC 法に対する立憲的正統性の評価の比較

………………………………………………小阪真也　117

● 書　評

自衛隊という名の「軍隊」をどうするのか……………岡本篤尚　135
　　水島朝穂『平和の憲法政策論』日本評論社，2017年7月

9条平和主義はアジアで何ができて，また，何をしなければ
　ならないのか……………………………………………永山茂樹　141
　　李京柱『アジアの中の日本国憲法──日韓関係と改憲論』勁草書房，2017年
　　7月

日本平和学会の研究会活動……………日本平和学会事務局　147

SUMMARY ……………………………………………　154

編集後記……………………………………………　161

日本平和学会設立趣意書

日本平和学会第23期役員

日本平和学会会則

● 依 頼 論 文

1 核なき世界への道

量子力学と西田哲学が指し示す未来

内 藤 酬

は じ め に

　20世紀後半以降の世界史は核兵器の存在に限界づけられた時代としてあった。その地球的規模の破壊力は国家と国家の関係にもとづいて世界を秩序づける国際社会の構造に不可逆的な変化をもたらした。核兵器の巨大な破壊力は軍事力の行使に，きびしい制約を課すものとなった。軍事力の行使は核戦争へと発展する可能性があり，核兵器の使用は全面核戦争へと拡大する危険性を含むものと考えられていたからである。核兵器の存在が開示する「人類絶滅の可能性」は全面核戦争における勝者の不在を予告するものであり，軍事力の行使は「勝者なき戦争」への道に通じていた。それは軍事力のあり方を大きく変えるものであり，主権国家のあり方を根底から問うものにほかならない。核兵器は国家の所有するものでありながら，国家をこえて国家を制約するものとしてある。

　軍事力はその直接的行使によって「敵の防御を無力ならしめ」，そのことを通じて「相手に我が方の意思を強要する」ことが課題であった（クラウゼヴィッツ［1966］29頁）。そしてそのためにより大きな破壊力が必要とされた。近代テクノロジーの増殖はその課題に応えるものであった。その

ような破壊力の増大の延長線上に核兵器が登場した。しかし核兵器はその大きすぎる破壊力のゆえに限定的使用が著しく困難であり，直接的行使の可能性をきびしく制約するものであった。軍事力はより大きな破壊力を求め続けた自己限定の極限において，その大きすぎる破壊力のゆえに「人類絶滅の可能性」という絶対の自己否定に直面することとなった。このような軍事力のあり方は〈軍事力の自己否定〉と定式化することができる（内藤［1985］9-26頁，321-384頁）。かつて軍事力は主権の発動を担保するものであり，それゆえ〈主権の象徴〉としてあった。

　これに対して核兵器は自由な軍事力の行使をきびしく制約するものであり，むしろ〈主権の制限の象徴〉というべきであろう（内藤［1985］9-26頁，321-384頁）。現代国家は〈主権の制限の象徴〉としての軍事力のあり方に媒介された「半主権国家」と考えなければならない（内藤［1994］5-25頁，45-81頁）。主権国家としての近代国家は半主権国家としての現代国家へと変質することを余儀なくされた。近代の国際政治が主権国家を単位とする政治の枠組みだとすれば，現代の国際政治は半主権国家を単位とする政治の枠組みととらえるべきであろう。それは国家を単位とするという点で近代の国際政治の枠組みを継承しているが，その国家が半主権国家であるという点で明確に異なっている。半主権国家という現代国家のあり方は近代の国際政治が限界に直面していることを示すものであり，現代の国際政治が過渡期の形態であることを意味するものにほかならない。

　近代の国際政治においては，国家内政治（国内政治）によって政治的統合を達成した国家のみが，国家間政治（国際政治）に参加する主体しての資格を独占していた。地球は国家と国家の闘争の舞台でしかなかった。核兵器はそのような国際社会の構造に不可逆的な変化をもたらした。地球的規模の政治的統合を「政治が世界内政治に変わる」方向に考えなければならない（ヴァイツゼッカー［1982］15-56頁）。核兵器の存在に限界づけられた時代は国際社会から地球社会への過渡期であり，地球社会は核なき世界でなければならない。核兵器は現代という時代の過渡期としての性格を象

徴するものといえよう。国家と国家の関係にもとづいて世界を秩序づける国際社会の枠組みが存続するかぎり，核兵器が自らの廃絶を受け入れることはない。核兵器の地球的規模の破壊力は国家の枠内に閉じた思考の限界を打破することで，地球的規模の構想力を求めているからである。

　このような核兵器を生みだした科学的知識は相対性理論と量子力学である。相対性理論と量子力学は20世紀の物理学における最大の発見であり，それは近代科学と異なる自然認識にもとづく現代科学の誕生であった。核兵器は現代科学の所産としてあった。特殊相対性理論から導きだされる質量とエネルギーの等価性は，核エネルギーの理論的根拠となるものにほかならない。そして原子構造の解明を通じて誕生した量子力学が，原子核の構造へと探究の歩みを進めていく過程で発見された核分裂反応は，核エネルギーの実用化にとって直接の契機となるものであった。核エネルギーは原子核の結合エネルギーの解放であり，核兵器の地球的規模の破壊力は原子核の結合エネルギーに起因するものとしてあった。現代テクノロジーは核兵器の開発を通じて生まれ，現代テクノロジーの増殖は核兵器の増強と軌を一にして進められていった。

　現代テクノロジーが解放した巨大なエネルギーが核兵器の地球的規模の破壊力の源泉であり，その地球的規模の破壊力が世界史の構造に不可逆的な変化をもたらした。そしてその地球的規模の破壊力が地球的規模の構想力を求めている。そこにテクノロジーの両義性がある。そこでは核兵器がつくりだした世界史の構造を核兵器なしで受け継ぐことが課題であり，そのために〈世界史の哲学〉が求められている（内藤［2010］355-370頁）。西田哲学は「日本の哲学」であって「日本」に閉じない「世界の哲学」である。本稿では，核兵器を生みだした科学的知識の哲学的基礎づけと思想史的位置づけを，西田哲学の場所的論理と関連づけながら検討し，核なき世界へと向かう世界史の行方を明らかにしたいと思う。世界史の構造における不可逆的な変化のなかに日本を位置づけることで，日本国憲法の平和主義の意義もまたそこから自ずと明らかになるであろう。

1　核なき世界への道　3

1 核エネルギーの基礎理論——中間子論とF研究

ウランの核分裂反応の発見は核エネルギーの実用化にとって直接の契機となるものであった。そして第二次世界大戦という政治的状況のなかで，核エネルギーの軍事利用は原子爆弾の開発へと急速に具体化されていった。アメリカの原子爆弾開発計画「マンハッタン計画」はよく知られているが，ここでは日本における事例について考えてみたい。当時の日本における原子核物理学の二大拠点は，仁科芳雄の理化学研究所（理研）仁科研究室と，荒勝文策の京都帝国大学（京大）荒勝研究室であった。日本の原子爆弾開発計画はこの二つの研究室を中心として企画された。陸軍の依頼による理研の「ニ号研究」と，海軍の依頼による京大の「F研究」がそれである。以下，京大荒勝研究室における原子核物理学の研究と原子爆弾開発計画の関係に焦点を絞ってみていくことにしよう。湯川秀樹のF研究への関与についても考えてみたい（政池［2018］）。

核分裂反応の発見が伝えられると荒勝研究室でも，中性子によるウランの核分裂の研究が開始され，ウランの核分裂の際に放出される中性子数の測定や，連鎖反応が持続する臨界条件の確定などの成果が得られた。これらの研究は原爆開発を直接の目的としたものではなく，純粋に学問的関心にもとづくものであった。荒勝文策が原爆開発を積極的に主導した痕跡は見受けられない（政池［2018］）。しかしそれらの研究成果は核エネルギーの実用化にとって不可欠の知識であり，荒勝研究室の研究は原爆開発と地続きであった。そこには現代の科学と社会の関係が直面する隘路に通底するものがある。湯川秀樹も戦時研究員としてF研究に参加していた。しかし海軍との会合に出席したり，小林稔に臨界量の計算を指示するなどの事実はあるが，原爆開発に積極的に関与した形跡はみられない。湯川にとって中間子論の研究が主要な関心事であった（政池［2018］）。

しかしその中間子論も原爆開発とまったく無縁だったわけではない。原

子核は陽子と中性子から構成されており，この陽子と中性子を総称して核子とよぶ。その核子と核子を結びつけて原子核をつくりあげている力が核力であり，核力を担う粒子が中間子にほかならない。湯川秀樹の中間子論は核力の理論であり，核エネルギーはこの核力の解放としてあった。量子力学を相対性理論の要請を満たす形で定式化すると，「場の量子論」（相対論的量子論）となる。場の量子論を核力の理論として具体化したのが湯川の中間子論であり，それは素粒子物理学の誕生を意味していた。中間子論は核力の理論であり，それゆえ核エネルギーの基礎理論であった。中間子論が核エネルギーの実用化と直接のかかわりがあるわけではなく，核力の理論が原子爆弾として具体化するまでには，いくつもの段階と媒介項を必要とすることはいうまでもない。

　荒勝研究室の一連の研究成果が核エネルギーの実用化に不可欠の知識を提供するものであり，原子爆弾の開発に直結するものであったことと比較すると，湯川の仕事は核エネルギーの実用化との直接的なつながりは乏しく，Ｆ研究への関与も間接的なものにとどまっていたことは確かであるといえよう。しかし核力の理論である中間子論が核エネルギーの基礎理論であるという事実は無視することができない。中間子論は場の量子論を核力の理論として具体化したものであり，核エネルギーは核力の解放としてあった。核兵器は場の量子論の地平に誕生したものにほかならない。核兵器を生みだした科学的知識は相対性理論と量子力学であった。そして場の量子論は量子力学の相対論的定式化であった。それらはいずれも相対性理論と量子力学という物理学における20世紀最大の発見がもたらした帰結であったことを忘れてはならない。

　相対性理論と量子力学は時空と物質の概念に革命的な変化をもたらした。時間と空間は独立に存在するものではなく，絶対時間と絶対空間という近代科学の基礎となる概念は，時空の相対性という概念に置きかえられた。また自然の観測者である人間の位置は，自然と独立な認識主体として自然の外にいるのではなく，自然の一部として自然の内にあることが明らかと

1　核なき世界への道　　5

なった。さらに物質の運動は時間と独立な空間のなかで起こる現象ではなく，時空のひずみやゆらぎである場の相互作用として起こる現象であると理解されている。相対性理論と量子力学は近代科学の自然認識の枠組みを根底からゆるがしていった。とりわけ量子力学がもたらした衝撃は決定的であった。量子力学の成立は近代科学と明確に区別された現代科学の誕生にほかならない。現代科学は量子力学以後の科学としてある（広重［1968］46-198頁；内藤［1985］162-166頁，234-243頁）。

　場の量子論は物質を「量子化された場（量子場）」の概念によって把握し，物質現象を「量子場の相互作用」として記述する理論である。場の量子論の特徴は物質の生成消滅を記述できる点にあり，すべての物質がそこから生成しそこへと消滅する究極の基底状態として「真空」が考えられている。それは物質がまったく存在しない物理的状態として定義される。そしてそこにおいて決定的に重要なことは，この真空が自発的に対称性を破っている点にある（中西［1975］；南部［2009］）。この真空における対称性の自発的な破れのゆえに，すべての物質はそこから生成しそこへと消滅するものとしてそこに限定される。それは一瞬一瞬の生成消滅の無限の連鎖のなかにある。それが「物がある」ということにほかならない。真空は「単なる無」ではなく「充実した無」であり，それゆえ「相対的無」ではなく「絶対の無」であった。

2　現代テクノロジーの成立——テクノロジーの両義性

　世界は真空における対称性の自発的な破れに始まる。それは宇宙の始元であり物質の根源であった。宇宙はその始元においてすでに真空における対称性の自発的な破れに起因するゆらぎやひずみを含み，非可逆的な時間に限界づけられていた。それは歴史的世界の誕生であった。そしてそのような歴史的世界の構造のゆえに「量子場の相互作用」としての物質現象が可能となり，さらに物質的自然から生物的自然を経て人間的自然に至る歴

史的自然の成立と形成が可能となった。そしてその歴史的自然をふまえ人間的社会が姿を現わす。したがって宇宙の始元と物質の根源に発し，生命の発生と人類の誕生を経て社会の形成に至る歴史的世界の全過程は「量子場の相互作用」の自覚的発展の過程として解釈することができるであろう。[1]人間的社会と人間的実存はこうした歴史的世界の長い営みのなかから生まれてきたものとしてあった。

　場の量子論が開示する自然認識の地平は物質的世界と生物的世界と人間的世界を統一的に理解する可能性に道を開くものといえよう。それは歴史的世界の論理的構造を明らかにするものにほかならない。人間は歴史的世界に限定された事物として他の物質や生物と何ら異なるものではない。人間はただそのことを自覚し得るという一点においてのみ他の物質や生物と区別されるものでしかない。人間はそのことを自覚することによって歴史的世界に限定された客体でありながら歴史をこえて歴史をつくる主体となる（久松［1971］34-54頁）。そしてまさにその一点にこそ人間が人間であることの証があり，自由な主体としての人間の可能性がある。しかしそれは人間にいかなる特権を保証するものでもない。自然は長い営みのなかから自然の一部として人間を生みだし，人間の活動を媒介として自己自身を開示する。人間の自然認識は自然の自己開示であった。

　場の量子論が開示する現代科学の自然認識の地平は，近代科学のそれと著しく異なっている。近代科学は自然（物体）と人間（精神）の実在的区別を前提として自然を対象的に認識する客観的な自然認識の体系として成立した。自然は人間の主観から独立に客観的に存在する実体であった。これに対して，人間は自然から切り離された認識主体として自然の外に立つものと位置づけられていた。これによって対象的自然を客観的な自然法則にしたがう自然現象として記述することが可能となった。自然は機械的法則にしたがう要素的実体の集合であった。このような法則的知識の体系として近代科学は成立した。そしてそれは法則的知識にもとづく自然の操作的支配に道を開くものとなった（伊東［1969］299-301頁）。こうして人間

1　核なき世界への道　　7

は自然に対する支配者としての位置を確保した。近代テクノロジーは人間が自然を支配する関係を自覚的に組織したものとしてあった。

　そこには近代科学の成果を近代科学の枠組みで管理する構造があった。近代テクノロジーは近代科学の成果の相次ぐ実用化によって増殖を続けた。それは生産力と破壊力の増大をもたらし，近代国家の無批判な自己主張と自己拡大を支え続けた。その延長線上に核兵器が登場したことはいうまでもない。しかし核兵器は相対性理論と量子力学がなければ生まれることのなかった兵器であり，場の量子論の地平に誕生した現代科学の所産であった。それは近代テクノロジーの内部に現代科学の成果を導入する形で生まれたものであり，そこには現代科学の成果を近代科学の枠組みで管理する構造があった。それは現代テクノロジーの成立であった（内藤［2010］96-122頁）。現代テクノロジーは近代テクノロジーの延長線上に生まれたものであるが，その量的拡大にとどまるものではなく，そこに導入された現代科学の成果に起因する質的変容の契機を含んでいた。

　現代テクノロジーは現代科学の枠組みのなかで活用すべき現代科学の成果を近代科学の枠組みのなかに封じ込め，その枠内でコントロールできると考える誤謬と倒錯をそれとして自覚することなく含んでいた。しかしそのような科学の構造は原子核物理学以外の物理学や物理学以外の自然科学の分野においても，現代科学の研究を強く促す要因となり，それらの成果は相次いで実用化が進められていった（広重［1979］54-84頁）。そしてその結果として現代テクノロジーはその内部に大量の現代科学の成果を含むものと化している。地球的規模で構築されたネットワーク・テクノロジーも，目覚ましい発展を遂げた情報科学や生命科学もそのような科学の構造の所産であり，量子力学以後の現代科学の成果であった。こうした現代科学の成果はテクノロジーの変容を推進する駆動力となり，テクノロジーの変容を媒介として現代社会の構造的変容が進んでいる。

　核兵器はその地球的規模の破壊力によって，国家と国家の関係にもとづいて世界を秩序づける国際社会の構造に不可逆的な変化をもたらし，地球

的規模の構想力の自覚を求めていた。しかし核兵器だけが現代科学の成果ではない。現代科学の成果はさまざまな形で実用化が進められ，具体的な〈道具〉や〈装置〉となって現代社会のなかを広範囲に流通している。われわれの生活世界は量子力学で埋めつくされている。地球的規模で構築されたネットワーク・テクノロジーは，個性的で多様な具体的人間の活動を国境をこえた広がりへと解き放し，それらの活動を地球的規模で統合していく役割を果たしている。このようなテクノロジーの変容がつくりだす状況は，核兵器がつくりだした構造を核兵器なしで受け継ぐことを可能にするものといえよう。それは地球的規模の政治的統合を具体化する客観的条件を整備するものとなっている。

3 現代科学の自然認識と社会——原子的個から量子的個へ

近代市民社会は近代的自我として自己自身を自覚した個人から合理的に構成された社会であった。それは画一的で一様な抽象的人間から構成された社会であり，個性的で多様な具体的人間を包摂できない社会であった。それは個人という「部品」から「機械」のように組み立てられた社会としてあった。近代的個は「原子的個」であった。近代市民社会は個人という「原子」から「機械」のように組み立てられた社会であり，機械論的原子論にもとづいて構成された社会であった[2]。そこには近代科学の自然認識に呼応する構造をもつ社会がある。国民国家は近代市民社会を主権国家の枠内に秩序づける装置として誕生した。それは近代的自我として自己自身を自覚した個人を画一的な国民へと転化し，国民という「原子」から「機械」のように組み立てられた国家であった。

こうして国内的に政治的統合をなしとげた国家は，国際的に政治的主体としての資格を独占した主権国家として，国家と国家の関係にもとづいて秩序づけられた国際社会を構成する要素となった。それは主権国家という「原子」から「機械」のように組み立てられた社会であり，国際社会も機

械論的原子論にもとづいて構成された社会であった。近代科学は自然を機械的法則にしたがう要素的実体の集合ととらえていた。そこには機械論的原子論にもとづいて構成された自然があった。近代市民社会は要素的実体としての原子的個を機械的法則にもとづいて秩序づける社会であり、近代市民社会の理念は近代科学の自然認識に呼応するものとしてあった。そしてその近代科学の自然認識は近代テクノロジーの基礎となり、近代テクノロジーの増殖は人間の自由度を著しく拡大した。それは国際社会の地球的規模への拡大をもたらした。

　こうして主権国家と国際社会は19世紀を通じて地球的規模へと拡大を続け、近代科学の自然認識と近代市民社会の理念は20世紀前半までに地球全域を覆いつくすに至った。しかしその20世紀前半という時代は、近代科学と異なる自然認識にもとづく現代科学が生まれ、大きく育っていった時期でもあった。相対性理論と量子力学から場の量子論へと進んだ物理学の革命は、1945年の広島と長崎への原子爆弾の投下を契機として20世紀後半以降の世界史の流れを大きく変えるものとなった。核兵器の地球的規模の破壊力は主権国家と国際社会をゆるがし、現代科学の自然認識は近代市民社会の理念を問うものとなった。近代的自我として自己自身を自覚した個人の原子的個としての限界が明らかとなり、対象的に実体化された原子的個は場所的方向に逆限定された量子的個へととらえ直されねばならなくなった（内藤［2010］131-189頁）。

　近代科学の自然認識に呼応する人間のあり方は原子的個であった。これに対して現代科学の自然認識に呼応する人間のあり方は量子的個でなければならない。それは「量子場の相互作用」の高度に発展した自覚的段階に位置する人間的社会における人間的実存の姿としてある。地球的規模で構築されたネットワーク・テクノロジーは、個性的で多様な具体的人間を国境をこえた広がりへと解き放し、そのような量子的個を「量子場の相互作用」的な関係のなかに統合していく構造をもっている。それは局所的に密度の高い共同性を成り立たせるとともに、それを閉鎖的な共同性としてで

はなく，地球的規模の関係性へと開いていくものでもある。それは生態系とよく似た構造をもつ人間的社会のあり方であり，地球的規模の政治的統合のあり方を示唆するものとして，地球社会の誕生を予告するものと考えなければならない。

　近代テクノロジーは，近代科学の成果を近代科学の枠組みで管理する構造をもっていた。これに対して現代テクノロジーは，現代科学の成果を近代科学の枠組みで管理する構造をもっている。このような現代テクノロジーの構造はそれが過渡期の形態であることを示すものといえよう。そしてその過渡期の彼方に，現代科学の成果を現代科学の枠組みで管理する構造をもつテクノロジーが，地球社会の客観的基盤となるものとしてその姿を現わす。個性的で多様な具体的人間である量子的個を，地球的規模で「量子場の相互作用」的な原理によって統合する地球社会こそ，現代科学の自然認識に正しく呼応する人間的社会のあり方にほかならない。現代社会は近代科学の自然認識に呼応する国際社会から現代科学の自然認識に呼応する地球社会への過渡期に位置する社会であり，核兵器の登場はそのような世界史的過渡期の起点となった。

　核兵器はその地球的規模の破壊力によって国家の枠内に閉じた思考の限界を打破し，地球的規模の構想力を求めていた。そして地球的規模で構築されたネットワーク・テクノロジーは地球的規模の構想力の基盤となるものであり，核兵器がつくりだした世界史の構造の不可逆的な変化を核兵器なしで受け継ぐことを可能とした。地球的規模の破壊力をもつ核兵器も地球的規模で構築されたネットワーク・テクノロジーも，まぎれもなく量子力学以後の現代科学の所産であった。そこには現代テクノロジーに内在する現代科学の成果を駆動力として進行するテクノロジーの変容があり，そのようなテクノロジーの変容を媒介とした現代社会の構造的変容がある。それは歴史的世界が地球的規模で自覚的段階を迎えたことを示すものにほかならない。20世紀後半以降の世界史の位置づけを明らかにする〈世界史の哲学〉が求められている。[3]

1　核なき世界への道　　11

4 現代科学と西田哲学——場の量子論と場所的論理

　西田幾多郎は世界と自己がそこに成立する究極の根底を「絶対無の場所」ととらえ，それを「絶対無」の自覚的限定面と考えた。絶対に無なるとともに絶対に有なるものであり，絶対矛盾的自己同一なる「絶対無」は「絶対無の自覚」において自己自身を自覚し，そこに「絶対無の場所」として自己自身を限定する。絶対無の場所はその逆対応的はたらきによって「叡智的世界」と「相対的無の場所」を逆限定し，叡智的世界と相対的無の場所を対象的契機として，そこに「歴史的世界」を逆限定する。場所が自己自身を限定することが場所に個物が逆限定されることであり，それは個物が場所において自己自身を限定することであり，個物と個物が場所において相互限定することである。そこに場所と個物の逆対応的関係がある。歴史的世界は「場所の自己限定」に逆対応した「個と個との相互限定」の世界である。

　「全体的一と個物的多との矛盾的自己同一」は，このような歴史的世界の構造を定式化したものにほかならない。全体的一としての叡智的世界は相対的無の場所において自己否定的に個物的多となる。相対的無の場所は個物的多の成立する母胎であり，歴史的世界は個物的多の世界であった。叡智的世界と歴史的世界と相対的無の場所の関係は絶対無の場所に逆限定された関係であり，その逆対応的はたらきにつらぬかれていることを忘れてはならない。叡智的世界も相対的無の場所も歴史的世界にとって究極のものではない。世界は全体的一からでも個物的多からでもなく矛盾的自己同一からである。個物的多は全体的一の自己否定的多であり，全体的一は個物的多の自己否定的一である。そこに「有」るものはすべて場所に逆限定された「場所的有」であり，それは「場所の自己限定」に逆対応した「個と個との相互限定」としてある。

　歴史的世界は絶対無の場所に逆限定された世界であり，その逆対応的は

たらきにつらぬかれている。歴史的世界の成立と形成が「無の自覚的限定」としてとらえられるのはこのためにほかならない。絶対無の自覚における絶対無の場所の成立は時間の誕生であり，それは非可逆的な時間の成立であった。歴史的世界は絶対無の場所の逆対応的はたらきによってその成立の始元から矛盾的自己同一の構造をもち，永遠と時間の逆対応的関係のゆえに時間は非可逆的であった。このような歴史的世界の構造のゆえに物質的世界の成立が可能となり，物質的世界から生物的世界を経て人間的世界に至る場所的有の自覚的発展の過程が可能となった。人間的社会と人間的実存の誕生は「無の自覚的限定」の過程が自覚的段階を迎えたことを意味するものといえよう。場所的有の高度に発展した自覚的段階が「場所的個」にほかならない（秋月［1978］84-86頁，166-169頁）。

　西田哲学の場所的論理は物質的世界と生物的世界と人間的世界を統一的に理解する可能性に道を開くものであった。それは歴史的世界の論理的構造を明らかにするものにほかならない。人間は歴史的世界に限定された事物として他の物質や生物と何ら異なるものではない。人間はただそのことを自覚し得るという一点においてのみ，他の物質や生物と区別されるものでしかない。人間はそのことを自覚することによって歴史的世界に限定された客体でありながら歴史をこえて歴史をつくる主体となる。そしてまさにその一点にこそ人間が人間であることの証があり，自由な主体としての人間の可能性がある。しかしそれは人間にいかなる特権を保証するものでもない。自己は世界の外にあって，外から世界を見るのではなく，世界の内にあって世界とともにはたらくものにほかならない。そこには「自己」から「世界」への転回があった（藤田［2007］114頁）。

　これまで見てきたことから明らかなように，場の量子論と場所的論理には共通した世界認識の構造と思惟の様式がある。場の量子論における「真空」を西田哲学における「絶対無」と考えれば，自発的に対称性の破れた真空は絶対無の場所となる。自発的に対称性の破れた真空のはたらきは，絶対無の場所の逆対応的はたらきにほかならない。「量子場の相互作用」

の世界と「場所の自己限定」に逆対応した「個と個の相互限定」の世界における論理的構造の一致は明らかである。それは歴史的世界の論理的構造を開示するものにほかならない。そのほかにも両者の共通点は細部にわたって顕著なものがある。量子力学以後の現代科学の自然認識は場所的論理の地平に成立するものであった。そしてそのような現代科学の自然認識に呼応する人間のあり方は量子的個であった。量子的個が場所的個であることはいうまでもない。

そこには原子的個から量子的個への転回があり，対象的個から場所的個への転回がある。それは「自己から見る」という対象論理の立場から「世界から見る」という場所的論理の立場への転回であり，このような転回を大橋良介は「場所論的転回」とよぶ（大橋［1995］69-100頁，219-222頁）。量子力学の誕生が現代科学における場所論的転回の起点となったことはいうまでもない。量子力学以後の現代科学は人間の自然認識と自己認識に変革を迫るものとしてある。しかしそれは単なる〈知識〉や〈観念〉として意識の変革を迫るだけではない。現代テクノロジーに内在する現代科学の成果は場所的転回の契機であった。そのような場所論的転回の契機を駆動力とするテクノロジーの変容が現代社会に不可逆的な変化をもたらしている。現代社会は場所論的転回以前の社会から場所論的転回以後の社会への過渡期に位置する社会と考えるべきであろう。

　おわりに

　核兵器の地球的規模の破壊力は主権の行使にきびしい制約を課すものであり，主権国家としての近代国家は半主権国家としての現代国家へと不可逆的な変化を余儀なくされた。そこでは国家をこえた地球的規模の構想力が求められている[4]。しかし米ソ両国を含む大多数の国家は，自らの半主権国家としての運命を進んで受け入れたわけではない。それは消極的な半主権国家であった。これに対して自らの半主権国家としての運命を進んで受

け入れた特異な国家があった。いうまでもなく「交戦権の否認」と「戦力の不保持」という原則によって「戦争の放棄」を定め「国権の発動たる戦争と，武力による威嚇又は武力の行使」を禁止する憲法をもつ戦後の日本である。日本国憲法第9条は主権の行使にきびしい制約を課すものであり，自らの半主権国家としての本質を公然と掲げるものにほかならない。それは積極的な半主権国家であった。

　日本国憲法第9条は国家の最高法規が主権の発動にきびしい制約を課すことで，核兵器が国家に課したきびしい制約を肯定的にとらえ返したものにほかならず，核兵器がつくりだした世界の構造を核兵器なしで受け継ぐ決意を示すものといえよう。それは核なき世界への道を指し示す世界の道標であった。戦後の日本は核兵器の存在に限界づけられた時代の最先端に位置する国家としてある。そして地球的規模で構築されたネットワーク・テクノロジーは，個性的で多様な具体的人間の活動を国境をこえた広がりへと解き放し，そのような人間の無限に多様な活動を地球的規模で統合していくものとなっている。それは核兵器の地球的規模の破壊力が求める地球的規模の構想力を具体化する客観的条件を整備するものにほかならない。そしてそれは日本国憲法第9条の理念を日本をこえて世界へと広げていくものになっているといえよう。

　地球的規模の破壊力をもつ核兵器を生みだし，地球的規模のネットワーク・テクノロジーをつくりだした現代テクノロジーは，現代科学の成果を近代科学の枠組みで管理する構造をもち，そこには場所論的転回以前の枠組みの内部に場所論的転回の契機を含む構造がある。そしてそのような場所論的転回の契機を駆動力とするテクノロジーの変容が現代社会に不可逆的な変化をもたらしている。半主権国家としての現代国家は，場所論的転回以前の社会から場所論的転回以後の社会への過渡期に位置する国家の形態であった。消極的な半主権国家は場所論的転回以前の国際社会の残影に呪縛された国家であり，積極的な半主権国家は場所論的転回以後の地球社会の誕生に自らの運命を託した国家である。日本国憲法第9条は場所論的

1　核なき世界への道　　15

転回の過程である世界史的過渡期において場所論的転回以後の社会への道を指し示す世界の道標となっていた。

　量子力学以後の現代科学，とりわけ場の量子論の自然認識を西田哲学の場所的論理に媒介することで，20世紀の後半以降の世界史を歴史的世界のなかに定位することができた。西田哲学は「日本の哲学」であって「日本」に閉じない「世界の哲学」であった。そのような世界の哲学である西田哲学は世界史の哲学としての姿を現わした。世界史の哲学としての西田哲学が描く未来は，テクノロジーの変容の彼方に登場する地球社会であった。20世紀の後半以降に進んだテクノロジーの変容によって，西田哲学の世界認識は歴史的世界のなかに実在的基盤を獲得することとなった。テクノロジーの変容から生まれる社会は地域的な自律性と多様性を保持しつつ，それを自閉的な共同性に閉じた社会としてではなく，地球的規模で構築されたネットワークを通じて，つねに地球的規模の開放的な関係性のなかに開いていく社会としてある。

　それはさまざまな生物種が重層的に折り重なることで，地域的な自律性と多様性を保持しながらも，そこで自閉的なシステムとして完結することなく，多様な物質循環を通じて地球的規模のシステムへと開かれている生態系とよく似た構造をもつ社会であるといえよう。そこではテクノロジーとエコロジーは対立するものではなく，相携えて地球社会へと向かう世界史の行方を指し示すものとなる。それは地球的規模で自然と人間が共存する社会を建設することにほかならない。このような世界においてはいかなる戦争も「勝者なき戦争」となるしかない。それだけでなく「地球の環境がもはや戦争に耐えられない」状態にあることを忘れてはならない（加藤[2003] 206頁）。日本国憲法第9条の「戦争の放棄」は地球的規模の構想力の前提となるものでなければならない。9条は〈日本の9条〉にとどまることなく〈世界の9条〉とならなければならない。

　日本国憲法の平和主義は「一国平和主義」ではない。戦後の日本は核兵器の地球的規模の破壊力に呼応して芽生えた，地球的規模の構想力の萌芽

を守り続けた世界史の解放区であった。それが「一国平和主義」の偽装を必要としたのは、地球的規模の構想力を具体化する客観的条件が未成熟だったからにほかならない。9条は〈日本の9条〉という擬態を身にまとうことで過渡期の国際環境を生き延びてきた。テクノロジーの変容がもたらした客観的条件の成熟を経て、9条は〈日本の9条〉という擬態を脱ぎ捨て〈世界の9条〉として世界へと発信すべきときを迎えている。日本が〈9条〉を失うことは世界が〈9条〉を失うことである。それは核なき世界への道を指し示す世界の道標を失うことにほかならない。それは世界が未来を失うことである。日本国憲法の平和主義に地球と人類の未来が託されていることを忘れてはならない。

注

1 梯明秀は歴史的世界の成立と形成の過程を「全自然史的過程」とよぶ。そしてその全自然史的過程は「宇宙史的過程」「生物史的過程」「社会史的過程」から構成される（梯［1980]）。歴史的世界の全過程を「量子場の相互作用」の自覚的発展の過程ととらえる視点は「全自然史的過程」を場の量子論の地平からとらえ直したものといえよう。

2 三木清はこのような機械論的原子論を「ゲゼルシャフト的アトミズム」とよぶ。そして「近代的ゲゼルシャフトの行き詰まりに対して新しいゲマインシャフト的社会が形成されねばならぬ」と指摘し、そのうえで「もとよりこのゲマインシャフトは昔のゲマインシャフトと同じものであることができず、ゲゼルシャフトの要素を自己のうちに止揚したものでなければならぬ」と述べている（三木［1969b]462-464頁）。そこに近代市民社会の理念をこえる手がかりがある。

3 三木清はこれからの哲学は「歴史哲学」でなければならず、しかも単なる「歴史哲学」ではなく「世界史の哲学」でなければならないと述べている（三木［1969a]435-442頁）。「世界史の全体の過程についての歴史哲学的構想」と「時代に対する認識と結び付いた構想力」が今こそ求められているといえよう。

4 地球的規模の破壊力は人類が直面する「否定的絶対無」にほかならない。しかもこの「否定的無」は「自然的無」ではなく「人為的無」であることを最大の特徴とする（久松［1971]34-54頁）。この否定的絶対無

を肯定的絶対無へと転じるところに地球的規模の構想力が成立する。
5 梯明秀は量子力学の「場の理論」に西田哲学の「無の場所」を適用することで「無の場所」の論理を唯物論化することを考えていた（梯［1980］349-359頁）。場の量子論の自然認識を西田哲学の場所的論理に媒介することで，西田哲学の論理はその射程を大きく拡大することができた。それは梯の構想を継承するものといえよう。

参考文献

秋月龍珉［1978］，『鈴木禅学と西田哲学の接点』（『秋月龍珉著作集』第8巻）三一書房。

伊東俊太郎［1978］，『近代科学の源流』中央公論社。

ヴァイツゼッカー，C.F. フォン，遠山義孝訳［1982］，『心の病としての平和不在──核時代の倫理学』南雲堂。

大橋良介［1995］，『西田哲学の世界──あるいは哲学の転回』筑摩書房。

加藤尚武［2003］，『戦争倫理学』筑摩書房。

梯明秀［1980］，『全自然史的過程の思想──私の哲学的自伝における若干の断章』創樹社。

クラウゼヴィッツ，篠原英雄訳［1966］，『戦争論（上巻）』岩波書店。

内藤酬［1985］，『核時代の思想史的研究』北樹出版。

内藤酬［1994］，『日本革命の思想的系譜』北樹出版。

内藤酬［2010］，『全共闘運動の思想的総括』北樹出版。

中西譲［1975］，『場の量子論』培風館。

南部陽一郎［2009］，『素粒子論の発展』岩波書店。

久松真一［1971］，『覚と創造』（『久松真一著作集』第3巻）理想社。

広重徹［1968］，『物理学史Ⅱ』培風館。

広重徹［1979］，『近代科学再考』朝日新聞社。

藤田正勝［2007］，『西田幾多郎──生きることと哲学』岩波書店。

三木清［1969a］，「世界史の哲学」『三木清全集』第10巻，岩波書店。

三木清［1969b］，「形の哲学とゲマインシャフト」『三木清全集』第10巻，岩波書店。

政池明［2018］，『荒勝文策と原子核物理学の黎明』京都大学学術出版会。

［河合塾＝素粒子物理学，国際政治学，現代文明論］

2 憲法と核・原子力

河上暁弘

1 「核時代」と日本国憲法

1 ヒロシマ・ナガサキと日本国憲法

1945年8月の広島と長崎への原爆投下（核兵器の使用）を重要な契機として「核時代」が到来した。この核兵器の登場は、「人類共滅の終末観」・「戦争の手段である兵器が、戦争の一切の政治目的を無意味にしてしまったという、戦争観の革命」（坂本・中村［2007]）をもたらした。これをジャンポール・サルトルは、「人類が死滅の鍵を自らの掌中に握った」時代（サルトル［1964] 43-47頁）とも表現したが、核兵器の登場により、そもそも戦争（特に人類を滅亡させかねない核戦争）という「手段」を用いてまで実現すべき「正義」「目的」など本当にあるのかという根源的な問いが発せられるようになった（「戦争の手段性の喪失」）。そして、それだからこそ、この「核時代」は、同時に、平和の重要性と現実性が強く認識される時代でもある。日本国憲法は、このような時代背景の下で誕生したのである。

2 「核時代」における核兵器と原発

「核時代」の特質を明らかにするには、「核兵器と原発が『核の連鎖』で繋がっている事実」（浦田賢治［2017] 2頁）に着目するならば、核兵器だけではなく、核エネルギーの民生利用である原発（原子力発電ないし原子

力発電所）も同時に検討対象とすべきであろう。それはこの「核時代」が「核兵器と原発に象徴される科学技術文明が世界を支配する時代」（浦田賢治［2017］2頁）だからでもある。そして，この「支配」とは，「エピステモクラシー（知による支配)」という側面を持つ。

　現代社会は，一方で高度産業社会後の，豊かで便利な社会でもあるが，同時に「エピステモクラシー」，すなわち，核兵器・原発をはじめとした知を持つ者，情報に接近する者が社会的な支配者になる社会でもある。この点を，人権・民主主義の視座から見るならば，知・情報を商品化，序列化，格付け化から解放し，民衆一人ひとりが本当に知の主体となりうるかが問われているのである（堀尾［1994］371-381頁）。

　このように，現代社会において，平和・人権・民主主義を希求するならば，核兵器や原発の問題を軽視することはできないように思われる。

　そこで，本稿では，日本における核・原子力に関する法理につき，①核兵器と憲法9条，②原発と憲法9条，③原発と人権に関する近年のいくつかのトピックに注目をしながら，紙幅の都合でごく簡単にではあるが，考察を加えてみたいと思う。

2　核兵器・原発と憲法9条

1　憲法9条2項「戦力の不保持」の法的意味

　ここでとり上げたいのが，憲法9条の下で核兵器を保有あるいは使用することが許されるか，という論点についてである。その問題をとりあげる前に，憲法9条2項が保有を禁止する「戦力」に関する学説と政府見解について簡単に見ておきたい。

　憲法9条の第1項では，戦争放棄，第2項では戦力不保持及び交戦権否認を規定している。第2項にいう「戦力」の意味については，（1）潜在的能力説，（2）警察力を超える実力説，（3）近代戦争遂行説，（4）自衛力を超える実力説，などの説がある。（2）が学界の通説であるが，（3）と（4）

20

は，政府（内閣法制局）が提起し採用した説（後述）である。私自身は
（2）説を採ってきた（河上［2012］110頁）が，本稿との関係では，従来少
数説とされてきた（1）説にも注目が必要であろう。

　（1）説を採る鵜飼信成は，9条2項の「戦力（war potential）」を「戦争
に役立つ可能性をもった一切の潜在的能力を含むもの」とし，「従来の観
念での一切の軍備」に加えて「軍需生産，航空機，港湾施設ないしは核戦
力研究などの一切が含まれる」とする（鵜飼［1968］61頁）。しかし，「戦
力の範囲が広がりすぎるきらいがある」（芦部［2015］60-61頁）といった
批判を受けてきた。だが，鵜飼は，戦力について，次のように述べている
ことにも注意が必要である（鵜飼［1968］61-62頁）。

　　　もちろんこれらのものも，純然たる平和目的のためにも存在し得る
　　ものであり，また反面からいうと，どのような物的人的な力も，戦時
　　にはことごとく戦争目的に動員し得るのであるから，戦力とそうでな
　　いものとの区別は不明確であり，もし厳格に解釈すれば，およそ何も
　　のも戦力に属するとの判断を免れることができないし，その反面には
　　またルーズに解釈すれば，正規の軍隊以外は，すべてが許されるとい
　　う解釈も成り立つように見える。しかし真理はその中間にあって，そ
　　のものの存在の形態と，これに内在する目的とが，明らかに戦争を意
　　図しているもの，例えば，重火器，重戦車，対空砲の如きもの，これ
　　らの生産および研究，もしくはこれらの武器による訓練を行なつてい
　　る軍隊組織の如きものは，当然，本条のいわゆる『戦力』に該当する
　　ものといわなければならない。

　つまり，鵜飼の「潜在能力説」は，戦争に役立つ可能性のある一切のも
のを「戦力」だと解する説ではなく，「そのものの存在の形態と，これに
内在する目的とが，明らかに戦争を意図しているもの」のみを戦力と解す
る説である。もし，こうした「戦力」の範囲に戦争を意図した「生産およ
び研究」が含まれると解しうる可能性があるならば，核兵器や原発の憲法
適合性を考える際に重要な示唆を与えるだろう（後述）。

2　憲法と核・原子力　21

2 政府解釈による「戦力不保持」規定解釈の理論枠組み

「戦力」についての政府（内閣法制局）見解は，かつては近代戦争遂行説，現在は自衛力を超える実力説の立場に立っている。この憲法解釈によれば，9条2項では，侵略・自衛・制裁を問わずあらゆる「戦力」の保持を禁止しているが，国家には固有の自衛権があるので，その自衛権を実効あらしめるために，「自衛のための必要最小限の実力（自衛力）」の保持まで憲法は禁止していないと解釈するものであり，「自衛力合憲説」とも呼ばれる。

また，かつては，自衛権の発動としての武力行使は，(1)「わが国に対する急迫不正の侵害があること」，(2)「これを排除するために他に適当な手段がないこと」，(3)「必要最小限度の実力行使にとどまるべきこと」の三つに該当する場合に限られるとしてきた（旧「自衛権行使の三要件」）。このうち，第一の要件は，「わが国」に武力攻撃が行われないのに他国への武力攻撃が行われたことを以て実力行使を行う集団的自衛権行使の違憲性（「個別自衛権への限定」）を導き，第三の要件は，「個別的自衛権に対する限定」として，ICBM や攻撃型空母など攻撃的兵器の保持や海外派兵の違憲性を導く根拠となってきた（浦田一郎［2012］ii 頁，37-41頁）。

なお，後でもとり上げる，海外派兵について政府は，「武力行使の目的をもって武装した部隊を他国の領土，領海，領空に派遣するいわゆる海外派兵は，一般に，自衛のための必要最小限度を超えるものであり，憲法上許されないと考えている」，としている（出典を書かない政府見解は全て『防衛白書』2017年度 web 版より引用）。ただし，「実力を行使できる地理的範囲は，必ずしもわが国の領土，領海，領空に限られない」ともしていて，国内外を問わず，自衛権行使の三要件を充たさないものは許されず，だから「先制攻撃」や敵地上陸攻撃のようなものは「必要最小限度」を超えるので許されないが，同三要件を充たしていれば（たとえば敵基地のミサイル基地をたたくなどの場合には）許されるとし，むしろ同三要件を充たさない，その限度・限界を超えた海外における武力行使目的の自衛隊の海外出動を「海外派兵」と呼んできたという経緯がある（高辻正己内閣法制局長官，

1969年3月10日参議院予算委員会)。そのことを海外派兵は,「一般的に」許されないと表現しているのである (浦田一郎 [2012] 73-78)。

しかし,2014年7月1日の安倍晋三内閣の閣議決定では,「武力行使」が可能となる「新三要件」として,(1)「我が国に対する武力攻撃が発生した場合のみならず,我が国と密接な関係にある他国に対する武力攻撃が発生し,これにより我が国の存立が脅かされ,国民の生命,自由及び幸福追求の権利が根底から覆される明白な危険がある場合」,(2)「これを排除し,我が国の存立を全うし,国民を守るために他に適当な手段がないとき」,(3)「必要最小限度の実力を行使すること」を提示した (「新三要件」・「武力行使の三要件」)。

ここで特に注目すべきは,第一要件であろう。我が国に対する武力攻撃が発生していないにもかかわらず,「我が国と密接な関係にある他国に対する武力攻撃が発生」した場合も,「我が国の存立が脅かされ,国民の生命,自由及び幸福追求の権利が根底から覆される明白な危険がある」と,時の政権が判断すれば,「自衛のための措置」として,武力行使を行うことがあり得るとされている (この措置の中には,集団的自衛権行使のみならず集団安全保障のための武力行使も含みうる) ことは重大な転換である。ここでは,これまでのような「我が国に対する武力攻撃が発生した場合」という〈事実〉に基づく明白で客観的な要件ではなく,そうした自国への武力攻撃がなくとも,他国への攻撃が上記の「危険」があると政府ないし国会の多数派が判断すれば武力行使が可能となるという (「認識」ないし「認定」) かなり主観性を伴う要件 (評価概念) により武力行使が可能となり,海外での武力行使を無制限に広げかねない危険性を孕んでいるからである。これは,上記のような限定的な語句を修飾語として掲げようが,ともかく自国が武力攻撃を受けてもいないのに武力行使をできるようにするということであり,極めて大きな転換を意味する (その後この基準等を2015年に「安保法制」を制定して法律化した)。

3 核兵器に関する政府見解

政府は，憲法上保有できる自衛力について，「その具体的な限度は，その時々の国際情勢，軍事技術の水準その他の諸条件により変わり得る相対的な面があ」るが，「個々の兵器のうちでも，性能上専ら相手国国土の壊滅的な破壊のためにのみ用いられる，いわゆる攻撃的兵器を保有することは，直ちに自衛のための必要最小限度の範囲を超えることとなるため，いかなる場合にも許され」ず，たとえば，ICBM，長距離戦略爆撃機，攻撃型空母の保有は許されない，としている。

だが，核兵器については，自衛のための必要最小限度の範囲内にとどまるならば，その保有も禁止されてはいないとしてきた。

この見解を明らかにしたことで知られる岸信介首相は，1957年の国会論戦で，最初は，核保有について，「今現在の核兵器は憲法上適当ではない」（1957年4月25日参議院予算委員会）とだけ述べていたにもかかわらず，数日後には，「核兵器と名がつけばすべて憲法違反というのは行き過ぎ」（同年4月30日参議院外務委員会）と表明し，ややニュアンスを変えて，自衛のための必要最小限度内の核兵器保有が合憲である旨を表明するに至った。結局，現在の政府見解は，「自衛のための必要最小限を超えない実力を保持することは憲法第9条第2項によっても禁止されておらず，したがって右の限界の範囲内にとどまるものである限り，核兵器であると通常兵器であるとを問わず，これを保有することは同項の禁ずるところではない」（真田秀夫内閣法制局長官，1978年3月11日参議院予算委員会）としている。

また，核兵器の使用についても，「真田法制局長官の見解をベースといたしますならば，核兵器の使用も我が国を防衛するために必要最小限度のものにとどまるならばそれも可能であるということに論理的にはなろうかと考えます」（大森政輔内閣法制局長官，1998年6月17日参議院予算委員会）という答弁がある。

では，「安保法制」後の核兵器使用の憲法適合性についてはどうであろうか。ここで特にとり上げておきたいのは，次のような2016年3月18日参

議院予算委員会における白眞勲委員の質問とそれに対する横畠裕介内閣法制局長官の答弁である。

　　○白眞勲君　日本国憲法で保有は許されているということはおっしゃいました。……使用は憲法違反ではないのかということです。……

　　○政府特別補佐人（横畠裕介君）　核兵器というものにも様々な規模，種類のものがあるというふうに承知しております。お尋ねの憲法上の制約について申し上げれば，……我が国を防衛するための必要最小限度のものにもちろん限られるということでございますが，憲法上全てのあらゆる種類の核兵器の使用がおよそ禁止されているというふうには考えておりません。……

　　○白眞勲君　そうすると，横畠長官，今回，海外での自衛の措置が容認されたわけですよ。つまり，自国，自分の国が，日本が攻撃されていないにもかかわらず他国で核を憲法上使用ができるということになりますよね。

　　○政府特別補佐人（横畠裕介君）　そうはならないと思います。すなわち，今回の新三要件の下での法整備が行われたわけでございますけれども，……いわゆる海外派兵は我が国を防衛するための必要最小限度を超えるということで許されないという考え方は全く変わっておりません。その意味で，海外で武力行使をできるようになったのだろうということを言われる方もおられますけれども，そのような前提ではございません。

　　白委員の質問は，「新三要件」および「安保法制」下で海外における「自衛の措置」が許されるとするならば，「我が国と密接な関係にある他国に対する武力攻撃が発生し，これにより我が国の存立が脅かされ，国民の生命，自由及び幸福追求の権利が根底から覆される明白な危険」があるとの政府・国会の判断（「存立危機事態」の認定）により，自国が武力攻撃を受けていない場合も，海外において，日本が核兵器を使用することが憲法上許される場合もあると解する余地があるのではないかという点を質した

2　憲法と核・原子力　　25

ものであり，それに対する横畠長官の答弁は，海外派兵は一般的に禁止されることは変わらないのだから，白委員が指摘するような「自国が武力攻撃を受けていない場合も海外で核兵器の使用が許される場合がある」といったような憲法解釈は採れないという趣旨の答弁である。

　しかし，先に見たとおり，もともと海外派兵禁止は海外でのあらゆる武力行使の禁止ではなく（その意味で「一般的」な禁止），「三要件」を充たさない場合の武力行使の禁止であったわけだから，「三要件」の内容が変化すると禁止の範囲なり条件が変化する可能性を孕むのではないかという疑問は残り続ける。やはり，自衛のための必要最小限度の範囲内の核兵器の使用が許される場合もあるという政府の憲法解釈そのものに問題があるのではないだろうか。形式論として，現在の原水爆とは異なる，もっと小型で危険のない核兵器というものが絶対に開発されないとは確言できない。しかし，兵器の改良は通常，威力を落とすための改良が進められることはまれであり，通常兵器ではなくあえて核兵器を保持・使用するというのにその威力を（たとえば通常兵器並みに）落とすということの実利的意味はどの程度存在するだろうか。そして，政府は，核兵器を「原子核の分裂又は核融合反応により生ずる放射エネルギーを破壊力又は殺傷力として使用する兵器」（「兵器及び通常兵器について」参議院内閣委員会提出資料，1958年4月15日）としているので，熱線，爆風，放射線による破壊力を伴う核爆発エネルギーを使う兵器を指すことになる。それならば，特に数世代にわたる被害を伴う放射線による攻撃が自衛のための必要最小限度の範囲内という解釈はやはり妥当とはいいがたいのではないかと思われる。

　なお，この点に関しては，日本政府が国連総会に提出し採択された「核兵器の全面的廃絶に向けた共同行動」決議（2017年10月27日）においても，先の2016年の提案では，「核兵器のあらゆる使用による壊滅的な人道的結末についての深い懸念」とあった文言を「核兵器の使用による壊滅的な人道的結末についての深い懸念」という文言に換えて，「あらゆる」という文言をあえて削除した点が，自衛や報復のための核兵器使用の容認を示唆

しているようにも解されるため，あわせて注目されるところである。

4 原発と憲法9条

原発の歴史は，1953年12月8日にアイゼンハワー米国大統領が「原子力の平和利用（Atoms for Peace）」を提起した国連総会演説に一つの起源を持つ。米国は，ソ連に対抗するため，西側諸国へ核燃料・核エネルギー技術を提供した。そして，原発は，核兵器を製造している国がその副産物として，原子炉の効率的利用を意図したことによって維持・推進されたものである。その意味で，原発は，原爆の軍事技術が元であるから，軍事技術と表裏一体をなし，その普及は核拡散の危険性を含んでいる点に注意が必要である（伊東 [2011]）。

また，高速増殖炉計画は，ウラン全体の99.3％を占めるウラン238をプルトニウム239に変換するものであるが，これは，核兵器製造にも必要な工程であるともされる。すなわち，核分裂性のプルトニウム239は，プルトニウム全体の70％しか含まれないものだが，核兵器製造のためには通常プルトニウム239の濃度が約90％以上であることが必要であるところ，高速増殖炉のブランケット部分には，98％が核分裂性を有するプルトニウムが貯まってくるので極めて「優秀」な核兵器材料を生み出すことができるというのである（小出 [2011a] 128-137頁，小出 [2011b] 123-124頁）。

こうした原発は，憲法9条の平和主義といかなる関係を持つだろうか。この点で注目すべきは，原発を「核潜在力」としてとらえる澤野義一の見解である。

澤野は，原発が「核兵器の製造・保有・使用の潜在的能力」であり「他国に対する潜在的核抑止力」（「核潜在力」）であるならば，それは憲法9条が保持を禁ずる陸海空軍以外の「戦力」に該当するため違憲であると解することができると指摘している（澤野 [2015] 17頁）。これは，先に見た，憲法9条2項の「戦力」解釈学説における潜在的能力説（鵜飼信成説）を（再）評価する見解でもある。また，憲法9条2項と類似する規定（12条の

2 憲法と核・原子力 27

常備軍禁止規定）を持つコスタリカにおいて，最高裁憲法法廷が，ウラニウムやトリウムの析出，核燃料の製造および核反応機の製造を認める政令を「平和の価値に反し，健全な環境への権利に反する」ので違憲無効と判示したことも参考となる旨指摘している（澤野［2015］30-31頁。同判決の要約は9条世界会議国際法律家パネル編［2009］149-152頁）。また，この点では，原子力基本法の2012年改正により，同法の基本方針を規定する第2条において，「我が国の安全保障に資する」との文言を追加したことが注目される。これに対しては，非核三原則の放棄および核武装を意図したものではないのか，あるいは拡大解釈の余地を残し，軍事転用に道を開くものではないのかといった懸念が引き起こされているところである。

3　原発と人権・自治

　かつて小林直樹は，論文「憲法と原子力」（小林［1978］）において，原発問題についてその憲法判断の枠組みを提示した。それは，第一に，憲法13条の幸福追求権，25条の生存権（生命，健康，環境の権利）が，原子力政策に大きな方向づけを与えていること，第二に，憲法9条の徹底した平和主義とそれに基づく「非核三原則」政策との関係において，「プルトニウムの兵器利用が現実化」しないとはいえないし，「"汚い"核爆弾を大量に産出するかもしれないような原発は，完全な歯止めが保証されない限り許されるべきではない」こと，第三に，国民主権（1条），「知る権利」（21条）に基づき，原子力政策には「何らかの人民的コントロールの体系」が必要であり，この問題に関して，主権者たる国民には十分に「知る権利」が保障され，さらには政策決定過程に何らかの仕方で「参加」する権利が保障されるべきであるとした（小林［1978］16頁）。これは，憲法の基本原則と原発の関係を本格的に考察した貴重な先行研究であり，そこで提示された基準・枠組み等は今日においても参照されるべきであろう。

　以下，原発と人権（憲法上の権利）との関係についても考察を加えてお

きたい。

1　生命権（憲法13条）

生命権は，「他の人権の基礎になる，最も根源的な権利」（小林［1998］156頁）であるともされるが，「生命権」を，他の人権とは並列ではなく相対的に区別された人権として「人権の中の人権」「切り札としての人権」と位置づける山内敏弘説（山内［2003］）を特に注目すべきであろうと思われる。その視点からは，原発事故によってもたらされる放射性物質は人間の生命の根幹となる DNA を回復不能なほどに破壊し，生命権そのものの侵害（あるいはその危険性）の発生を引き起こしうるという山内の指摘は重要であろう（山内［2012］453頁）。

2　人格権（憲法13条）

裁判においても原告適格や訴えの利益論との関連でよく問題となるのが人格権（侵害）である。人格権とは，「各人の人格に本質的な生命，身体，健康，精神，自由，氏名，名誉，肖像および生活等に関する利益の総体」を広く指すものであり，「私法上の権利として古くから認められてきた」（芦部［2015］124頁）ものである。この点で，大飯原発差止訴訟福井地裁判決（2014年5月21日）において，人格権について，次のように述べているのは大いに参考となる。

　　個人の生命，身体，精神及び生活に関する利益は，各人の人格に本質的なものであって，その総体が人格権であるということができる。人格権は憲法上の権利であり（13条，25条），また人の生命を基礎とするものであるがゆえに，我が国の法制下においてはこれを超える価値を他に見出すことはできない。……原子力発電所は，電気の生産という社会的には重要な機能を営むものではあるが，……原子力発電所の稼動は法的には電気を生み出すための一手段たる経済活動の自由（憲法22条1項）に属するものであって，憲法上は人格権の中核部分より

も劣位に置かれるべきである。

3 環境権（憲法13条・25条）

環境権は，「良好な環境を享受する権利」「健康で快適な生活を維持する条件としての良い環境を享受し，これを支配する権利」であるが，環境破壊を予防し排除するために主張された権利であり，そういう良い環境の享受を妨げられないという側面では自由権であるから，憲法13条の幸福追求権の一内容をなし，人格権と結びついたものと理解できる。しかし，環境権を具体化し実現するには，公権力による積極的な環境保全ないし改善のための施策が必要であるから，その面では社会権としての側面も持ち，憲法25条によっても基礎づけられるものである（芦部［2015］272頁）。

人格権は，一方で，最高裁大法廷判決（1986年6月11日）においても認められた権利であり，裁判救済の可能性が広がりやすい点で訴訟においてその権利を前面に出す実益は大きい。ただ，他方で，環境・公害問題を扱う場合において人格権を中心とした人権論の構成については疑問を呈する見解もあることにも注意が必要である。戸波江二は，「人格権は本来，個人の名誉等の人格的利益に関わるものであり，公害による身体の侵襲やその危険の排除の根拠としては若干そぐわない感じは否めない」（戸波［2007］59頁）としたうえで，「身体・健康への侵害に対する差止請求の根拠には，むしろ，憲法13条の『生命の権利』および25条の『健康な生活を営む権利』から導き出される『生命・身体・健康の安全を求める権利』をもちだすことも考えられてよかろう」（戸波［2007］59頁）と指摘していて参考となる。

そして，この点でも，先の福井地裁判決が次のように判示している点が注目されるところである。

> 当裁判所は，極めて多数の人の生存そのものに関わる権利と電気代の高い低いの問題等とを並べて論じるような議論に加わったり，その議論の当否を判断すること自体，法的には許されないことであると考

えている。……被告は，原子力発電所の稼動が CO_2……排出削減に
資するもので環境面で優れている旨主張するが……，原子力発電所で
ひとたび深刻事故が起こった場合の環境汚染はすさまじいものであっ
て，福島原発事故は我が国始まって以来最大の公害，環境汚染である
ことに照らすと，環境問題を原子力発電所の運転継続の根拠とするこ
とは甚だしい筋違いである。

4 「将来の国民」（憲法11・97条）の権利（将来世代・未来世代の権利）

さて，もともと，環境・地球生態系は，「未来の世代から預かっている」
という視点が必要であろう。その意味では，同様の認識に立つものとして，
「宇宙船地球号」（ケネス・E・ボールディング［1966年］），国連人間環境会
議（1972年）での「かけがえのない地球」，国連環境開発会議（1992年）で
の「サステイナブルな発展・開発」，「未来世代の権利」（ジャック・イヴ・
クストー），「現代世代の未来世代に対する責任に関する宣言」（国連総会
［1997年］）などにおける地球環境認識がここでは参考となる。

この認識を前提とするならば，原発事故がその周辺地域だけではなく，
広範囲にわたる地球規模での環境問題を引き起こしかねないことからする
と，「将来世代」の権利の侵害につながるという視点を持つことが重要で
ある（また，たとえ事故を起こさないとしても，原発から出続ける放射性物質
を安全に処理・管理する技術・能力が未開発な状況にあることもあわせて検討
すべきである）。この点で，憲法11条・97条は，「現在及び将来の国民」と
規定し，「将来の国民」の権利に言及している点に格別の留意すべきであ
り，その観点から，「将来の国民」の人権侵害の可能性および将来世代・
未来世代の権利との関係についても考察が必要であろう（前原［2012］）。

5 平和的生存権（前文等）

平和的生存権は，憲法前文第2段において，「平和のうちに生存する権
利」として規定されているものであり，判例においても，「平和的生存権

2 憲法と核・原子力　31

は，現代において憲法の保障する基本的人権が平和の基盤なしには存立し得ないことからして，全ての基本的人権の基礎にあってその享有を可能ならしめる基底的権利である」としたうえで，「局面に応じて自由権的，社会権的又は参政権的な態様をもって表れる複合的な権利ということができ，裁判所に対してその保護・救済を求め法的強制措置の発動を請求し得るという意味における具体的権利性が肯定される場合がある」とした2008年4月17日の自衛隊イラク派遣訴訟名古屋高裁判決が参照されるべきである。

　この点に関連して，先にも紹介した大飯原発差止訴訟福井地裁判決では，次のようにいう。

　　　　生命を守り生活を維持する利益は人格権の中でも根幹部分をなす根源的な権利ということができる。……大きな自然災害や戦争以外で，この根源的な権利が極めて広汎に奪われるという事態を招く可能性があるのは原子力発電所の事故のほかは想定し難い。

　同判決では，原発事故は戦争と並ぶ人権侵害を引き起こす可能性を指摘している。この点では，原発は恐怖と欠乏からの自由にかかわる「人間の安全保障」や平和的生存権の観点から検討されるべきとする指摘（隅野[2012]）もあわせて参照されるべきであろう。

　また，憲法25条の社会的生存権（第一の生存権），前文の「平和的生存権」に次ぐ「第三の生存権」（中里見[2013]146-148頁）として原発に関わる人権を構想し，平和的生存権が主に「核兵器（核の戦時利用）」に対抗するものだとすれば，「第三の生存権」は「平時の核利用たる原発」がもたらすさまざまな人権侵害や環境被害に対抗する「平時の平和的生存権」としてとらえるべきとする指摘（中里見[2013]147頁；澤野[2015]22頁），あるいは，他国と武力紛争が生じた場合に原発はテロの対象となったり，武力攻撃を受ける可能性があるので，こうした人権侵害に関しては，ナイキ・ミサイル基地を設置することが有事の際に基地付近に住む住民が攻撃の第一目標とされることになるので「原告[住民]らの平和的生存権は侵害される危険がある」として住民に原告適格を認めた長沼ナイキ訴訟札幌

地裁判決（1973年9月7日）を参照すべきとする指摘（澤野［2015］25頁）などは，平和的生存権と原発問題の関係を考える際に参考となるだろう。

6 法の下の平等と地方自治（住民自治権）

原発立地は地域格差・地域差別構造が前提となっている。原発立地自治体への補助金交付等について定める，1974年のいわゆる「電源三法」（「電源開発促進税法」「電源開発促進対策特別会計法」「発電用施設周辺地域整備法」）の下で，多くのお金が立地自治体に流れた。

原発は大量の放射性廃棄物を生み出し，また重大事故を引き起こす可能性を持つため，人口密集地域での立地はなされず，過疎地域に立地された。原子力委員会が示した「原子炉立地審査指針及びその適用に関する判断のめやすについて」（原子力委員会［1964］）によれば，原発の立地に当たっては，「万一の事故」に備えて，「原子炉は，その安全防護施設との関連において十分に公衆から離れていること」が必要であり，そのためには，「少なくとも次の三条件が満たされていることを確認しなければならない」として，①「原子炉の周辺は，原子炉からある距離の範囲内は非居住区域であること」，②「原子炉からある距離の範囲内であって，非居住区域の外側の地帯は，低人口地帯であること」，③「原子炉敷地は，人口密集地帯からある距離だけ離れていること」の三条件が示されている。これでは，相当な「僻地」にしか原発は立地できないことになる。また，原発をその地域に存在させ続けようとするならば，「過疎であり続けること」が想定された立地条件であるともいえる（武田［2011］163-166頁）。

原発営業運転開始の1966年以降，「3.11」事故のあった2011年まで，原発や関連施設が立地する道県や市町村，周辺自治体に対して，交付金や税金の形で国や電力会社からもたらされた「原発マネー」の総額は2.5兆円にものぼるという。その中心は，74年成立の「電源三法」に基づく交付金（約9,000億円）と，原発などの施設に市町村が課税する固定資産税（約6,750億円）とされ，核燃料税も6,700億円，さらに電力会社からの寄付も

把握分だけで530億円にのぼるという（『毎日新聞』2011年8月19日14面）。

　しかし，これだけの多くのお金が原発立地自治体・周辺自治体に流れても，過疎に苦しむ自治体において原発は町おこしの「起爆剤」とはならず，かえってその多くは地方交付税の交付団体となり，将来負担（借金返済等）の多さに苦しむという構図が見られる（伊藤［2011］）。もともと原発立地自治体は「僻地」の過疎で苦しむ自治体であったことも考慮しなければならないが，以下に見るように原発立地により，多くの資金が当該自治体に流入したものの，都市化や企業立地などが進んで豊かになるということはなかったのである（武田［2011］156-181頁）。

　それは，第一に，原発以外の企業誘致がほとんどできなかったということである。電力は送電線で遠くまで運べるため，一般企業が原発の近くに工場を設置するメリットは少ない。また，原発関連産業の多くは特殊な分野で，地元の中小企業が担うのは難しい。さらに，原発労働者の給与は地元企業の水準より高いため，労働力の多くは原発に吸収されるので，就業人口がもともと少なく，雇用に苦労させられるであろう地域に原発に続いて他の企業が進出することはまずありえないという事情がある。

　第二に，「電源三法」と固定資産税によって急に裕福になった自治体は，財政規律がどうしても緩みがちになるという点である。当初，交付金の使途が「ハコモノ」やインフラに限定されていたこともあり，交付金等は道路などの公共施設に多額の支出がなされた。しかし，それが今日，交付金や固定資産税収入が減っていく一方で，公共施設の維持管理コストが増大している。

　第三に，原発は建設から日が経つと徐々に交付金や固定資産税収入が減少して行くという特徴がある。交付金は，原発の立地調査から建設までが交付額が多く，運転開始後からは4分の1程度に減少する。その分，固定資産税が入るようにはなるが，年数が経って資産価値が下がるにつれて税収は減る。法定耐用年数の15年を過ぎた後は，毎年わずかな額しか入ってこなくなる（ただし，運転開始から30年が経過すると，新たに「原子力発電施

34

設立地地域共生交付金」が交付され，電源立地地域対策交付金も少し増額されるが「地域振興」名目の「古い施設に対する迷惑料」といったところが実態であるともされる）。このように，原発立地自治体は，多くの交付金・固定資産税・寄付金等があるにもかかわらず，決して安定的な豊かさを手にしたわけではなく，むしろ，さらなる原発の新設・増設を望むことにさえなることが多い（『毎日新聞』2011年8月19日14面）。このようにしてみれば，原発立地に関して，「国策」による誘導が，「原発マネー」依存構造をつくり出し，まさに，「過疎」地域をさらなる「過疎」に追い込んできたという印象を持つ（武田［2011］178頁）。

　確かに，これら原発立地自治体は，国に強制・命令されて立地したわけではない。しかし，軍事基地の問題にも共通する面があるが，「貧しい人の前にごちそうを並べて手を出すのを待つような交付金の仕組み」（清水修二［2011］）の下でなされた自治体・住民の決定は，真の意味で，自己決定による自己責任であるといえるか疑問である。むしろ，そうした自己決定・自治のあり方を『国策』と金によって歪めてきたとさえいえるように思われる（住民自治権・法の下の平等の侵害）。

　また，原発は，いったん重大事故が起きれば，原発立地周辺地域に住む住民は補償・賠償では取り戻せないほどの深刻な人権侵害を被る。そうした重大事故により，地域・地方自治体が根本的に破壊され存続できなくなることもある点で，住民の自治権を脅かす可能性があることにも留意する必要性があるだろう（澤野［2015］26頁）。

4　おわりに

　以上，核兵器のみならず原発についても，平和や人権を脅かしうる可能性について，ごく簡単ながら考察を試みた。核兵器も原発もその開発に当たっては，最先端の科学技術が動員された。しかし，その最先端の科学技術自体が，運用を誤れば，人類そのものを滅亡に追い込みかねないパラド

ックスを内包している。新正幸は，原発について，「憲法12・22・29条という ような個別の条項に違反するというよりはむしろ，憲法の拠って立つ条件・基盤そのものを破壊するがゆえに違憲なのである」（新［2012］64頁），と述べているが，問題の本質をとらえた鋭利な指摘と思われる。

　まさに，核エネルギーは染色体への脅威をもたらすため，人類の生存だけではなく生物・生態系そのものへの脅威となる点に格別の注意が必要である。もし仮にその存続を主張するならば，よほどの必要性と万が一にも危険性がないことの立証が必要であろう。その際，国民の知る権利と熟議の手続き的保障を充足させる必要もある。むしろ，「8・6」「8・9」「3・11」を経験した人類は，今こそ，〈文明〉のあり方そのものを問い直すべき時を迎えたのかもしれない。

参考文献

Sartre, Jean-Paul［1949］, "La Fin de la guerre," *Situation III*, Gallimard（渡辺一夫訳［1964］，「大戦の終末」『シチュアシオン III　サルトル全集第10巻』人文書院）。

芦部信喜［2015］，『憲法（第6版）』，岩波書店（高橋和之補訂）。

新正幸［2012］，「原子力災害対処にかかわる我が国の現行法の問題点」浜谷英博・松浦一夫編著『災害と住民保護──東日本大震災が残した課題：諸外国の災害対処・危機管理法制』三和書籍。

伊藤久雄［2011］，「原発依存からどう脱却するか」『世界』2011年1月号。

伊東光晴［2011］，「経済学から見た原子力発電」『世界』2011年8月号。

鵜飼信成［1968］，『〈新版〉憲法』弘文堂。

浦田一郎［2012］，『自衛力論の論理と歴史──憲法解釈と憲法改正のあいだ』日本評論社。

浦田賢治［2017］，「核兵器と憲法──朝鮮半島の核危機をどうみるか？」公益財団法人政治経済研究所『政経研究時報』No.20-1・2017年9月。

河上暁弘［2012］，『平和と市民自治の憲法理論』敬文堂。

9条世界会議国際法律家パネル編［2009］，『9条は生かせる』日本評論社。

原子力委員会［1964］，「原子炉立地審査指針及びその適用に関する判断のめやすについて」(http://www. mext. go. jp/b_menu/hakusho/nc/

t19640527001/t19640527001.html：1964年5月27日）。

小出裕章［2011a］，『原発のウソ』扶桑社。

小出裕章［2011b］，『原発はいらない』幻冬舎ルネッサンス。

小林直樹［1978］，「憲法と原子力」『法律時報』50巻7号・1978年7月号。

小林直樹［1998］，「人権価値を根底から考える——哲学的人間学の視点から」全国憲法研究会編『憲法問題』9，三省堂，1998年。

坂本義和・中村研一［2007］，「核時代」『知恵蔵』朝日新聞社。

澤野義一［2015］，『脱原発と平和の憲法理論——日本国憲法が示す平和と安全』法律文化社。

清水修二［2011］，「翻弄される自治体——清水修二・福島大副学長の話」『毎日新聞』2011年8月19日14面。

隅野隆徳［2012］，「東日本大震災・福島第一原発事故と憲法」杉原泰雄・樋口陽一・森英樹編『戦後法学と憲法——歴史・現状・展望』日本評論社。

武田徹［2011］，『私たちはこうして「原発大国」を選んだ——増補版「核」論』中央公論新社。

戸波江二［2007］，「空港の騒音公害と人格権——大阪空港公害訴訟」『憲法判例百選Ⅰ（第5版）』［別冊ジュリスト No.186］有斐閣。

中里見博［2013］，「憲法と原発——第三の生存権へ」全国憲法研究会編『憲法問題』24，三省堂。

防衛白書［2017］，防衛省（http://www.mod.go.jp/j/publication/wp/wp2017/w2017_00.html：2017年7月1日アクセス）。

堀尾輝久［1994］，『日本の教育』東京大学出版会。

前原清隆［2012］，「『未来への責任』と憲法」杉原泰雄・樋口陽一・森英樹編『戦後法学と憲法——歴史・現状・展望』日本評論社。

山内敏弘［2003］，『人権・主権・平和——生命権からの憲法的省察』日本評論社。

山内敏弘［2012］，「福島原発事故と生命権・生存権」杉原泰雄・樋口陽一・森英樹編『戦後法学と憲法——歴史・現状・展望』日本評論社。

※ website はすべて2018年7月1日閲覧。

［広島市立大学広島平和研究所＝憲法学］

3 平和主義と日本国憲法24条

なぜ,「家族保護」論は,「平和主義」に敵対するのか?

若尾典子

はじめに

日本国憲法は平和への強い「希求」(9条)を,その前文で明確にしている。まず平和主義は「国民主権」の土台に据えられている。「政府の行為によって再び戦争の惨禍が起ることのないようにすることを決意し,ここに主権が国民に存することを宣言し,この憲法を確定する」と。国会をはじめとする統治機構が「天皇のため」から「国民のため」へと転換した理由は,戦争責任を引き受ける「決意」にある。この決意は,「天皇」を国民主権の下におくとき,より鮮明になる。大日本帝国憲法において天皇の軍事大権下にあった「天皇の軍隊」は「国民の軍隊」としても一切,引き受けない,という決意が,9条に結実しているからである。

続いて前文は,平和主義の形成を「基本的人権の尊重」に託す。「全世界の国民が,ひとしく恐怖と欠乏から免れ,平和のうちに生存する権利を有することを確認する」との立場である。日本だけの平和主義(=一国平和主義)も,「戦力」による平和の確保(=積極的平和主義)も明確に排除され,国際社会において,個人の平和的生存権がひとしく保障されることを平和として確認する。この友敵論を徹底的に否定する,個人主義に基づく平和主義の要請は人権規定に貫かれる。一つは,内外の敵を想定しないため「緊急事態」に関する規定をもたない。二つ目は,「公共の福祉」に

よる人権制限が一般規定（12条・13条）にとどまり，個別の人権規定では，制限理由が明確な所有権（29条）と居住・移転・職業選択の自由（22条）に限定されている。そして3点目が，集団の最小単位とされる家族について，憲法24条は「家族」としての保護を規定せず，「個人の尊厳」と「両性の本質的平等」という人権保障のみを要請する。

しかし，憲法24条には疑問が投げかけられてきた。一つは，1919年ヴァイマル憲法以来，憲法は家族を国家によって保護されると規定しており，家族保護規定が必要ではないか，という疑問である（法学協会［1948］，230-239頁）。いま一つは，家族の領域に個人主義を要求することは，家族のもつ政治権力への抵抗の場という側面を危うくするのではないか，という問題である（樋口［1999］，108頁）。

しかも，この疑問は憲法24条の欠陥として，改憲運動によって明確に主張されている。改憲運動は，一つは「家族保護」規定のない憲法24条は，少年非行や児童虐待など家族崩壊の元凶だ，とする。いま1つは，家族の領域で個人を主張する憲法24条は，家族を崩壊させる「家族解体条項」だという。この改憲運動による憲法24条への攻撃は「イエ制度の復活」要求として主張されているため，逆に憲法24条も，イエ制度の廃止という日本に特殊な歴史的役割にあるという評価にとどめられる傾向にあった。

ところが1990年代半ば以降，国連を舞台に「家族の保護」を主張する「家族の価値」運動が登場した。これは，アメリカで1970年代以降，「キリスト教右派」（Christian Right：以下，CR という）と呼ばれる宗教連合によって展開されていたが，1990年代半ばに，国連に進出した。「家族の価値」運動は「自然の家族」像を掲げ，女性の家庭役割を強調し，中絶合法化に反対し，親権の保障を要求するなど，国連の女性・子どもの権利保障政策を批判する。冷戦終結後，国連でも日本でも，特定の家族像を掲げる宗教右派運動が，強力な政治勢力として立ち現われている。なぜ，いま，宗教的言説による「家族」が，政治の重要な争点となるのか。

もちろん，この課題の全面的な検討は筆者の能力を超えている。本稿で

は，国連における CR の主張との比較から，日本の「家族保護」論の特質をあぶりだし，あらためて憲法24条を平和主義との関係から検討する。

1 バチカンと国連 CR

1 バチカンの主張

CR が国連で活動するきっかけは，1995年，北京で開催された第 4 回世界女性会議におけるバチカンの主張にあった。北京会議で採択された行動綱領の一部「女性の健康」（86項から111項の23項目である）の章に関し，バチカンは「全般的な留保」を表明した。すでに前年，カイロで開催された国際人口開発会議（ICPD）で提唱された「性と生殖の健康・権利」に反対したバチカンは，北京会議の「監視」を宗教各派に呼びかけていた（Glendon［1996]）。

バチカンは次のように主張した。北京会議の役割は「女性に固有で譲り渡すことのできない尊厳」に基づく解決を提示することである。「女性の尊厳」は，1948年世界人権宣言16条にあるように「男性との同一性」ではなく男女の「尊厳の平等」，すなわち「男女の補完性」の保障，女性の家庭役割の保障である。母性は女性への抑圧ではなく，家族における母の立場こそ，認められ賞賛され支援されるべきことである（Pope John Paul Ⅱ［1995]）。とくに母性の尊重は，世界人権宣言25条 2 項に「母と子とは，特別の保護及び援助を受ける権利を有する」とあり，貧困・病気など深刻な生活問題を抱える南の女性たちのニーズにこたえている。これに反し「性と生殖の健康・権利」は，家族のなかでのみ認められることがらを，女性個人の権利として構成する「過剰な個人主義」であり，この「反家族主義」は，ごく一部の西側のラディカル・フェミニストのたくらみである，と（Buss and Herman［2003] p. 115）。

3 平和主義と日本国憲法24条　41

2 国連 CR と親権保障

CR はカトリック系，プロテスタント系，モルモン教，イスラム教，そしてユダヤ教のなかの保守的な宗派の連携をいう。右派という共通性があるとはいえ，教義の異なる宗派の連携は，きわめて困難であるが，それを可能にしたのは，各宗派の家族像を「自然の家族」とみなす，という一点に限定したことにあった（Buss and Herman［2003］p. xiv）。なかでもプロテスタント系右派は，国連およびバチカンにたいし強い警戒心を抱いてきたが，バチカンの要請に応える活動を開始した。

では，国連において CR（以下，国連 CR という）は，「自然の家族」を掲げて，具体的にどのような役割を国連で果たしてきたか。ここでは，ジェニファー・バトラー（Jennifer S. Butler）によって明らかにされている国連 CR の活動のなかから，2002年国連子ども特別総会と2004年国際家族年10周年記念会議を取り上げる。

2002年国連子ども特別総会（以下，特別総会と略す）が，ニューヨークで開催された。子どもの問題は，国連 CR にとり中心テーマである。国連 CR の活動を支えるシンクタンクの一つであるハワード・センター所長（当時）アラン・カールソン（Allan Carlson）は「子どもの権利」として，母をもつ権利，父をもつ権利，結婚に基づく家庭をもつ権利，兄弟をもつ権利，子孫をもつ権利，健康な共同体で暮らす権利，無垢である権利，伝統への権利，を挙げる（Carlson［2001］）。CR が中絶や同性婚を批判するのは，子どもの育つ環境である「自然の家族」からの逸脱にある。離婚，子どもをもたないこと，一人っ子にすること，未婚で親になることなどは，いずれも「反子ども主義」である。子どもは「自然の家族」，すなわち父の監視下で母の手によって行われるべきであり，子育てを保育所などで実施することは国家が親にとって代わることを意味し，「自然の家族」を破壊する「反家族主義」である，と。それゆえ国連 CR は親権の保障を要求し，1989年子どもの権利条約が親権への公権力の介入を認めることに反対する。

しかし，当時，子どもの権利条約の未批准国はアメリカを含めて2ヵ国だけであり，国連 CR の主張は国際的に完全に孤立していた。この状況のなか，2001年に誕生したブッシュ政権は特別総会に強い関心を示し，準備段階から積極的に国連 CR のメンバーを送り込んだ。この期待に応えて国連 CR は，思春期の子どもの「性と生殖の健康・権利」に反対し，結局，この権利は成果文書には記載されなかった。これを国連 CR は勝利と宣伝したが，実際には，この点では前進も後退もなかった。ただ開催地アメリカも参加国も，中絶合法化の是非論に関心を向け，子どもの権利条約の未批准国というアメリカの状況は問題にならなかった（Butler［2006］p. 67）。国連 CR はアメリカの子ども政策の問題を，国の内外から隠ぺいした。

3 国連 CR と拡大家族

2004年に予定されていた「国際家族年10周年記念会議」（以下，記念会議と略す）は，国連 CR にとって，国連の取り組みに賛同しない各国政府へのロビー活動の成果を示す機会だった。「多様な家族」を掲げる国連の担当委員会にたいし，国連 CR は「核家族」を主張し，結局，記念会議は国連 CR が設置した NGO の主催で，カタールのドーハで開催され，ドーハ宣言が採択された（Butler［2006］pp. 69-70）。

だが国連 CR による記念会議に参加したのは G77諸国など，伝統的な拡大家族を抱える国々だった。ドーハ宣言は国連 CR の主張である「家族の保護」を掲げ，宗教の役割を強調したが，同時に「貧困の連鎖」の克服，高齢者・障害者ケアをする家族，エイズやマラリヤ，結核などに直面する家族への支援を取り上げており，参加国の家族の実情も反映されていた。

もちろん，国連 CR は「拡大家族」を容認したわけではない。貧困問題を抱える国々が「家族」を強調する国連 CR の主張に共鳴した。工業化を喫緊の課題とする国にとり，宗教による核家族像の呼びかけは，男性労働者に勤勉，女性に家庭への貢献という意識改革運動を意味し「家族の自己責任」を確保できる。核家族像が自国の伝統的家族のありかたと異なって

3 平和主義と日本国憲法24条　　43

いても，否，むしろ伝統と異なる新しい家族像であるほどに，人々の生活の近代化をはかり，グローバリゼーションのなか，厳しい経済競争を勝ち抜くために必要だということになる。ドーハ宣言は，国連 CR の核家族に基づく家族保護論によって，格差を拡大する方向で貧困対策が進展する危険性を示したのではないか。

　国連 CR にとり「自然の家族」は「核家族」でなければならない。もし拡大家族を認めれば，結局，すべての家族は緩やかにつながり（Buss and Herman［2003］pp. 84-86），保護されるべき「家族」と排除されるべき「家族」の対立はなくなり「自然の家族」を掲げる理由は消滅する。国連 CR は，敵対的家族保護論を掲げて，国連が取り組む，貧困・疾病など問題を抱える多様な家族への支援，すなわち普遍主義的家族政策を阻止する活動をしている。

2　世界人権宣言

1　国連 CR と世界人権宣言

　国連 CR は，その主張の根拠を世界人権宣言16条 3 項に求める。カールソンは，次のように述べる（Carlson［2000］，若尾［2014c］100頁）。第一に，世界人権宣言16条 3 項は「自然の家族」が保護される権利を宣言している。もちろん宣言に宗教用語としての「自然の家族」は注意深く避けられており，規定としては「家族は……社会の自然かつ基礎的な集団単位」とするにとどまる。しかし，この規定はキリスト教民主主義者の大きな努力の結実であり，その精神はキリスト教と一致している。したがって第二に，この規定に基づいて，戦後，国連の家族政策は女性の家庭役割を認めたうえで，女性労働者の保護や男性労働者の家族賃金の保障を進めた。ところが第三に，1970年代以降，国連の家族政策は社会民主主義者によって，この規定に反する方向へと転換した。家庭における性役割や親権が否定され，その結果，離婚や一人親家庭が増加し，少子化も進展し，「家族の解体」

が起きている。それゆえ第四に，国連の家族政策は，宣言16条３項にもとづく家族政策へと再転換すべきである，と。

たしかに世界人権宣言は，16条１項と２項で，結婚・家族に関する「両性の平等」を保障し，３項で「家族は……保護される権利をもつ」という。この規定の登場理由については，以下の３点が指摘されている（Morsink［2017］pp. 194-209）。

一つは，結婚・家族における「両性の平等」の要請である。当時，各国の家族法には夫権・父権が規定されており，世界人権宣言16条の制定過程でも，とくに宗教的立場から，家族関係における両性の平等保障に反対し，離婚に関する規定は除外すべきだという意見や，「各国の家族法に従う」という文言を入れるとする提案があった。しかし，いずれも退けられ，結婚と離婚，すなわち家族の形成に関する両性の平等が，16条１項において「人種，国籍又は宗教によるいかなる制限をも受けることなく」と規定された。ナチズムによる人種差別国家を否定することはもちろん，国籍・宗教による制限を否定した１項には宗教的根拠を含めて，各国の家族法上の性差別の撤廃が込められた。

いま一つ，とくに同条３項の家族保護は，「家族」ではなく「子ども」の保護を意味していた。家族保護条項に関しても，家族を宗教的立場から定義する発言も提起されたが，いかなる意味でも家族を定義するものではないとして排除された。ソ連代表は，家族観の違いは宗教間だけでなく，無信仰の人々との間にも存在していることに注意を促し，宣言は全人類に向けたものになるべきだとし，しかも「家族，すなわち子どもは，あらゆる場合に保護されるべきである」と端的に述べていた。戦争の惨禍を経験した当時，敵味方の別なく「すべての子ども」の保護が課題だった。世界人権宣言16条は，女性と子どもの権利保障を宣言した。

2 「家族」をめぐる体制の対立

では，なぜ，同宣言16条３項は，日本国憲法24条のように家族保護規定

3 平和主義と日本国憲法24条 45

を排除し，家族関係における人権保障を掲げる規定にしなかったのか。それは，社会の基本的単位としての家族を除去する試みは，キブツから共産主義国家にいたるまで失敗した経験が共有されており，女性と子どもの権利保障を「家族」保護とすることに異存はなく，ソ連代表も，家族を「基本」とみなすことには賛同した，という。これが第三の理由である。

とはいえ，カールソンがいうように，その後の国連の家族政策には「性別役割分担家族」の保護政策という側面がある。しかも，この特定の家族像の保護という役割は，家族保護規定が憲法上，最初に登場したとされる1919年ヴァイマル憲法にすでに見出される。ヴァイマル憲法の家族保護規定は，一つには，結婚・家族における夫権・父権を批判し，家族法改正を要求してきた女性運動の貢献による。それと同時に，ソ連の成立にたいする危機感があった。19世紀ドイツでは社会主義運動が，結婚・家族を強制的扶養制度と批判し，これを「家族の解体」論と命名した保守派は「神聖な家族」像を対置し，両者は激しく対立した。1917年ソ連が成立し，ドイツの保守派は危機感が現実化したと受け止めた。保守派の「神聖な家族」像に反対して社会民主党は，ヴァイマル憲法に「両性の平等」や「婚外子差別禁止」を明記したが，保守派の「家族の解体」論には同調し，家族保護規定が成立した（若尾［2007］89-92頁）。家族観の対立は資本主義と社会主義という体制の対立と直結していた。

もともと19世紀末から20世紀にかけて，「貧困」は資本主義体制を揺るがす重大な社会問題だったが，それは労働者階級の「家族の貧困」問題であり（若尾［2014a］），ソ連の成立に対抗してヴァイマル憲法の家族保護規定が登場した。だが，ドイツにおいて「家族の貧困」は深刻化し，逆に，家族保護規定にはらまれる敵対的国家主義的家族観が利用され，人種差別的家族政策がソ連に対抗する「国家社会主義」として登場した。

世界人権宣言16条の制定過程からは，友敵論を排し，多様な家族の存在を認める努力がうかがわれる。ただ，制定過程で示されたソ連の家族観が，もう一方の体制にとり「家族の解体」を主張する危険なものと受け止めら

れた可能性はなかったのか。今後の検討課題である。

3 「自然の家族」と米兵神話

いずれにしても，カールソンは，世界人権宣言16条3項に特定の家族像の保護を読みこむ。カールソンにとり，いま，家族の解体を生み出す敵は，ソ連に代表される「社会主義」ではなく，国連の家族政策，とくに北欧諸国に代表される「民主的社会主義」(Buss and Herman [2003] p. 39) である。そして，その敵と闘うために提起される家族像は，冷戦時代に「強いアメリカ」を誇示した家族像である。

アメリカは戦後いち早く「豊かな国」として経済的にも軍事的にも大国の道を進んだ。とくに1950年朝鮮戦争以降，アメリカは「反共産主義」を旗印に海外米軍基地を拡充し，軍事暴力を国際的に拡大した。この新しい海外米軍基地の存在は，1947年国家安全保障法と各国政府との二国間条約によって，アメリカ国民の批判を免れただけでなく，「米兵神話」ともいうべき軍隊観によって支持された（若尾 [2014b] 69頁)。それは，海外に派兵される米兵を，民主主義を世界に広める「世界一，モラルの高い兵士」とみなすことである。そこに第二次世界大戦を民主主義のために戦った米兵の姿が投影されてもいたが，戦後もなお「米兵神話」が維持されたのは，アメリカの経済発展を，世界，なにより社会主義に誇示する「性別役割分担家族」の男性像によっていた。妻子を保護するために自由主義経済を担うアメリカの男性こそ，社会主義の脅威にさらされる国々を保護するために戦う兵士なのだ，と。冷戦は，アメリカにとり戦後の新たな「戦時体制」であり，強いアメリカを経済的・軍事的に誇示する役割を担ったのが，性別役割分担家族像だった。

この強いアメリカを取り戻すことが，国連CRの家族像に込められている。冷戦終結後，国連CR，とくにプロテスタント系右派は，国連が経済的軍事的中央集権主義にたち，アメリカを脅かしている，と危機感をもった。国連は，経済的には国際協調路線を推進し，軍事的には平和維持活動

3 平和主義と日本国憲法24条 47

のように，各国政府に国際的非武装化を要請し，世界的軍事組織をつくろ
うとしている。この国際社会を一元化する国連の動きを支える「世界宗
教」的な活動が，環境保護運動とフェミニズムである。前者は「母なる地
球」という精神主義に依拠し，後者は家族と性に関して，女性・子どもの
権利を主張する点で，最も「自然の家族」に敵対する（Buss and Herman
[2003] pp.20-25)，と。国連 CR は，アメリカの「主権」と「生活様式」
を脅かす存在として国連を問題にしている。

3　日本における家族保護論の特徴

1　改憲24条案と「自然の家族」

　国連 CR の「自然の家族」論と比較するとき，日本の改憲論の主張する
家族保護論には，どのような特徴があるのだろうか。ここでは，2012年自
民党憲法改正草案を中心に，改憲論による家族保護論をみておきたい（若
尾 [2017b]）。第一に，提示される家族像の違いである。国連 CR は，出
生家族から自立した夫と妻が神の前で誓約した結婚契約に基づく「自然の
家族」像を提示する。改憲論は，国家によって与えられた，国家のための
「家族」像を提示する。改憲草案前文は「日本国は，長い歴史と固有の伝
統をもち，国民統合の象徴である天皇を戴く国家である」という国家の定
義に始まり「日本国民は，……家族や社会全体が互いに助け合って国家を
形成する」という。天皇を戴く国家のために，家族・社会で助け合うこと
が日本国民の役割であり，その家族像は，天皇を戴く国家のために国民が
自助努力する組織である。

　したがって第二に，宗教と公権力の関係が異なる。国連 CR は，家族の
領域を担うのは宗教であり，公権力が家族にとって代わることを認めない。
改憲24条草案は「家族は助け合わなければならない」と家族のありようを
国民に訓示しており，公権力に宗教的役割を担わせる。

　そのため第三に，家族政策の違いが浮かび上がる。国連 CR は「自然の

家族」を破壊する，親権への公権力の介入，性別役割分担論の打破，あるいは中絶・同性婚の合法化に反対する。だが改憲論は助け合いの精神をもつように国民を指導する政策を公権力に要求する。改憲論のいう「家族保護」は，困難を抱える家族に精神主義を説く「家族解体」の主張である。

　結局，第四に，家族と個人主義の関係についても異なる。国連 CR は家族のなかに個人主義を持ち込むことに反対するが，改憲論は家族のなかだけで個人主義を認める。たしかに当初は，改憲論も憲法24条「個人の尊厳」条項は，家族関係に個人主義を持ち込む「家族解体」条項だと攻撃した。ところが改憲24条案に「個人の尊厳」規定は残されている。それは改憲草案全体が「個人主義」を否定しているからである。憲法13条「個人として尊重される」の「個人」は「人」に変更され，改憲24条案にのみ「個人の尊厳」が残されている。人権は個人が公権力に対抗する規範ではなく，家族のなかで互いに尊重しあう道徳とされている。改憲草案は，公権力を規制する人権保障の役割をもたない，「家族道徳」を布教する道具であり，家の「神棚」に供えることがふさわしい代物である（若尾［2014c］100頁）。

　家族保護論は，天皇主義，家族国家主義，精神主義，反人権主義の４点を特徴としている。この特徴は，日本の家族保護論の家族像が，戦前のイエ制度にあることを示している。

2　1950年代のイエ制度復活論

　しかし，日本においてイエ制度復活論は，1950年代半ばに登場し，軍事化を進めるものとして批判され敗退した（若尾［2017b］）。当時，占領が解除され，アメリカからの要請で，再軍備のため９条改憲が提起された。このとき保守党は，当然のように24条も改憲対象とした。政権政党だった自由党は1954年，自由党憲法調査会（会長・岸信介）の提案として，軍隊保持の明記とともに，憲法24条への家族保護規定の挿入を，次のように提案した。「夫婦親子を中心とする血族的共同体を保護尊重し，親の子に対する扶養および教育の義務，子の親に対する孝養の義務を規定する」と。

3　平和主義と日本国憲法24条　49

この最後にある「親孝行」の要請にたいし，戦前と同様，忠孝（「天皇に忠，親に孝」）精神を強制するものであり，9条改憲による再軍備は「天皇の軍隊」を復活させるものだとして，イエ制度復活反対運動が女性・若者を中心に展開され，結局，改憲運動は頓挫した。家族保護論は政治の争点となったが，イエ制度復活論とみなされたことが致命的となり，9条と24条の連動改憲は失敗に終わった。当時，イエ制度が戦争動員の道具となった時代の経験はなお鮮明だった。

　だが，家族保護論は復活した。新たに復活した家族保護論には，冷戦終結という時代を共有するかのように，国連CRの「自然の家族」論との共通点が見出せる。

　第一に「家族の解体」論を主張する点である。家族保護論再登場のきっかけは，1996年，法制度審議会による選択的夫婦別姓法案の提示だった。この法案を「家族の解体」を進めるフェミニストのたくらみだという主張が展開され，結局，法案成立は阻止された。この政治的成功をふまえ「家族の解体」は憲法24条に家族保護規定が欠落しているためであるという，24条改憲論が再浮上した（若尾［2017b］128-131頁）。

　1950年代，国際社会への日本の復帰には，平和主義が不可欠だとみなされると同時に，国内的にはイエ制度が廃止され，新民法による新しい家族形成への期待があった。「平和で豊かな社会」を形成することへの希望が，改憲を阻止した原動力だった。これにたいし，1990年代半ば，日本では国際社会への貢献として自衛隊の海外派遣が現実化し，9条「見直し」論が高まった。だが国内的には，雇用環境の悪化を背景に家族の不安が生じていた。期待される国家像と家族にたいする不安とのギャップをつくかのように，「家族の解体」論が登場した。

3　改憲24条案の現代的特質

　第二に，いずれも「古き良き時代の家族像」を提示する。家族解体をあおるには，新しい家族像ではなく，過去に存在した家族像が必要だという

ことである。しかも古い家族像は，その時代を知らない若い世代には新鮮に受け止められる。国連 CR で活動する若者は，スーツ姿に短髪の男性が多い集団だ，という（Butler［2006］p. 1）。そこには，性革命もフェミニズムもなかった1950年代の「古き良き時代のアメリカ家族」への期待がある。改憲24条案の訓示規定は，具体的には，公的機関による結婚紹介のように，親に代って国が行う政策を進展させている。国家が親に代替してはならないとする国連 CR と正反対だが，「過去の家族像」への復帰という点で共通する。「親代り国家」の訓示は，大日本帝国憲法の告諭（前文）に明記されていた。天皇によって与えられた憲法にたいし，臣民（＝天皇に服従する国民）は「永遠に従順の義務を負う」と。「義務」であれ「訓示」であれ，親代わり国家であることに変わりはない。訓示規定は，大日本帝国憲法にいう「臣民の義務」の復活であり，それゆえ「美しい日本を取り戻す」ことになる。国連 CR が強いアメリカを取り戻すことを期待するように。

　第三に，家族道徳を強調する敵対的家族観である。いずれの主張も「家族の解体」への不安を，提示する家族観から逸脱しているとみなす人々への敵視によって解消させようとする。改憲24条案の「助け合う」家族像には，夫の協力なしに子育てをする妻や，就職難・結婚難に直面する若者とその家族からの共感の声が寄せられることもあり，現代の家族生活への不安・不満がうかがわれる。しかし訓示規定は，この不安・不満を，家族に一層の困難を抱える人々への敵視に変える。「助け合わなければならない」にもかかわらず，その努力を怠った当人の問題ではないのか，と。

　もちろん，家族の不安は，具体的な家族政策として，夫の家事・育児時間の保障や若者の就業保障などを要求する可能性も高い。それゆえ第四に，改憲論も国連 CR も，家族の自己責任の強化政策を要求する。自己責任の強化のために，国連 CR は親権保障を要求するが，改憲論は「親の義務」を要求する。「権利」と「義務」では，正反対の主張にみえるが，その意図するところは同じである。そして，改憲論の「親の義務」強化政策は具

体的に進行している。

4 「親の第一義的責任」

「親の義務」は，1950年代の改憲論においても主張されていた。先に示したように，自由党憲法調査会の案には，当時，批判の的となった「親孝行」規定の前に「親の子に対する扶養および教育の義務」が明記されていた。「親の義務」の強化は，自助努力を強要するイエ制度の要である。戦前，「家族の貧困」のため，子どもや女性の人身売買が横行した。これは戦後もなお続き，1955年前借金無効最高裁判決以後，ようやく克服された。1950年代のイエ制度復活論が挫折したのも，イエ制度の自己責任主義により子ども・女性の人権が踏みにじられた現実は当時，なお目に見えるものだったからである。

イエ制度の記憶が失われつつあるいま，「親の義務」として「親の第一義的責任」規定が法律に登場している。2003年少子化対策基本法・次世代育成支援対策推進法に登場して以来，2006年改正教育基本法，2007年児童虐待防止法改正，2012年新児童手当法，2013年いじめ防止対策推進法，2012年子ども・子育て支援法，そして2016年児童福祉法改正，と次々に登場している（広井［2012］）。

「親の第一義的責任」規定は，子どもの権利条約18条にある。同条約18条は，「親」とは父と母，とくに伝統的には監督役割の立場にあった父が「養育」責任を担うこと，したがって，子どもの養育・発達（upbringing and development）に関する父母の共同責任が，この用語の意味であり，共同責任は「子の最善の利益」をともに考えるものである，としている。女性差別撤廃条約を受け，性別役割分担家族像を打破して父親も養育の責任にあることを明らかにすることが「親の第一義的責任」という用語である。ただ女性差別撤廃条約も子どもの権利条約も，保育施設（child-care facilities）に関しては，いまだ職業をもつ親のための制度ととらえていた。家族のありかたによって子どもの「保育」（care and education）が保育所

（care）と幼稚園（education）に区別されることはまだ問題とされていなかった。21世紀に入り，OECD および UNESCO は「子どもの貧困」克服の立場から，すべての子どもに開かれた統一的な「保育」制度を各国政府に提起している。「子どもの保育を受ける権利」は，家族のありかたから解放されることへと進展している。

　この点で，1947年児童福祉法は画期的だった。「国及び地方公共団体は，児童の保護者とともに，児童を……育成する責任を負う」としており，子どもの育成責任は「親とともに」国・地方公共団体にあることが明記されていた。これを受けて児童福祉法は制定当初，すべての子どもに開放される保育所を提示した。母親の就労の有無によって，子どもの保育環境に区別・差別があってはならない，と。イエ制度による自己責任主義は，保育所を，貧困のため就労せざるをえない母親の下に育つ子どもにたいする救貧制度としていた。憲法24条の下，イエの貧困を子どもへの差別としてきた戦前の「託児所」は，すべての子どもの「保育所」へと開放された。それは21世紀の OECD・UNESCO が取り組む保育制度改革の先取りといえる。1951年，児童福祉法39条は改正され，保育所入所は「保育に欠ける」（2012年改正により「保育を必要とする」に変更）に限定されたが，つとに普遍主義的子ども政策が展望されたことは，憲法24条の画期性を示す（若尾[2017a]）。「家族の貧困」が「子どもの貧困」へと展開する道筋は，家族保護規定を排除する憲法24条とそれに続く社会権規定によって示されている。

　これにたいし日本の家族政策は「親の第一義的責任」を最優先とし，国や自治体の責任の縮小を狙う。家族保護論は国連 CR と同様，普遍主義的家族政策を敵視し，家族の自己責任を強化する。そこに「弱肉強食の時代，厳しい生存競争を家族一丸となって生き延びろ」と檄を飛ばす新・自由主義がある。食物連鎖による棲み分け（共棲）を原則とする自然界を冒瀆し，敵とみなす人間の絶滅を正当化する「弱肉強食」論は，「恐怖と欠乏」すなわち「戦争と貧困」の推進力である。

おわりに

　それゆえ第五に，いずれも軍事大国化のための家族強化論である。訓示規定が家族の自己責任を重視するのは，家族のためではなく「天皇を戴く国家」のためである。改憲草案前文は「天皇を戴く国家」の下で，国民に「国と郷土を……自ら守」ることを要求する。国連 CR がアメリカの軍事行動の自由を確保するために，改憲論は日本の軍事力強化と原発・武器輸出に国民を駆り立てるために，それぞれの家族像を提示している。

　問題は，軍事を支える家族強化の精神的支柱にある。１つは愛国主義教育である。これを国連 CR は親の宗教教育の自由を要求するが，改憲論は公教育に期待する。2006年改正教育基本法に「親の第一義的責任」とともに，「伝統」・「愛国心」が明記され，教育への国家主義的介入が具体化している。戦前，天皇にたいする「臣民」の育成は，明治民法とともに教育勅語により進められたことが想起される。2007年学校教育法の改正は，幼稚園が「保育」だけでなく「教育」をも提供するとした。1947年学校教育法は，保育所とは別に幼稚園を設定したが，内容は保育所と同じ「保育」としていた。これは児童福祉法制定過程で，保育所と幼稚園の統合が期待されていたことに対応しており，ここにも憲法24条にもとづく敵対的家族観克服の試みがあった。ところが改正教育基本法の下，幼稚園にまで愛国心教育が及ぶことになった。事実，教育勅語を暗記させる幼稚園も登場した。2012年 OECD 勧告は幼稚園のみに教育がある現行の「保育」制度に疑問を呈している。

　いま一つは，敵対的家族観の中核たる天皇家の維持政策である。戦後，制定された皇室典範は戦前と同様，「男系の男子」規定を維持した。天皇という民主主義に反する地位に関しては「両性の平等」を要請する余地はないとして，憲法14条も憲法24条も適用を排除された。しかし「男系の男子」規定は，旧皇室典範１条のもと，大日本帝国憲法１条が要請する「万

世一系」の天皇家のために必要不可欠な規定である。「血統」は本来，双系であり，双系を世代的にたどれば，天皇家だけが特別な「イエ」ではなくなる。それゆえ，すでに指摘したように国連CRは「拡大家族」を拒否する。「男系の男子」により神話の世界にまでたどりうる天皇家が成立し（若尾［2017c］），臣民のイエとの敵対・隔絶が確保されることにより，天皇は臣民に「永遠に従順の義務」を課すことができたのである。

　日本国憲法が国民主権の下に天皇を置いたとき，最大の課題は天皇主権にもとづく家族国家体制を打破することにあった。そのため，まず9条によって戦力不保持を宣言した。たとえ国民主権の下にあっても，天皇がいるかぎり，日本は再び「天皇の軍隊」をもつかもしれないからである。と同時に，戦争へとつながる敵対的家族観の克服が課題となった。そこに天皇家と国民の間にある「男系の男子」による断絶を破棄する課題がある。現在，男子不足により女性天皇を認めるべきかが政治争点となっている。しかし，この議論もまた，神話的天皇家を浸透させる方向にある。皇室典範改正は，敵対的家族観の克服を要請する憲法24条を全面的に適用し，双系主義の原則の下，「両性の合意のみ」によることなども含めて，性差別と長系主義を廃止する（辻村［2018］67頁，148頁）ことが求められる。

　憲法24条は，たしかにイエ制度の廃止を課題とした。しかし，イエ制度の廃止を憲法に明記しなければならなかったのは，イエ制度が欧米諸国と比較して遅れた家族制度だったからではない。イエ制度が天皇主権体制の支柱であり，戦争遂行のための重要な制度だったからである。そして，このイエ制度の特質は，日本に特殊なものではなく，国連CRの主張からも明らかなように，近代家族にも刻印されている。現実に存在する多様な家族を排除・敵視する「家族保護」論は，戦争へと人々をつきうごかす原動力である。敵対的家族観の克服を，世界に先駆けて「家族保護」規定の排除という形で示し，徹底した個人主義・平等主義を家族の領域で掲げる日本国憲法24条は，憲法9条とともに，平和主義への強い決意を示している。

3　平和主義と日本国憲法24条　55

【付記】本論考に関する報告は，2018年8月25日に開催された第2回「東アジアにおけるケアと共生を考える」国際学術研究会にて行っている。

参 考 文 献

Buss, Doris and Didi Herman [2003], *Globalizing Family Values: The Christian Right in International Politics*, University of Minnesota Press.

Butler, Jennifer S. [2006], *Born Again: The Christina Right Globalized*, Pluto Press.

Carlson, Allan [2000], *A History of The Family in the United Nations* (http://profam.org/docs/acc/the_acc_un.htm. 2014.09.05.アクセス).

Carlson, Allan [2001], *What Children really Need: Another way to Look at Cildren's Rights* (https://scholarsarchive.byu.edu/cgi/viewcontent.cgi?article =1064&context.2018.07.10.アクセス).

Glendon, Mary Ann [1996], *What Happened at Beijing*, First Things (https://www.firstthings.com/article/1995/01/005-what-happened-at-beijing. 2018.7.10.アクセス).

Pope John Paul Ⅱ [1995], *Papal Message on Women's Conference* (http://www.ewtn.cpm/papaldoc/jp2beij./htm. 2018.7.10.アクセス).

Morsink, Johannes [2017], *The Universal Declaration of Human Rights and the Challenge of Religion*, University of Missouri Press.

辻村みよ子 [2018]，『憲法 第6版』日本評論社。

樋口陽一 [1999]，『憲法と国家——同時代を問う』岩波書店。

広井多鶴子 [2012]，「このごろ流行るもの，親の『第一義的責任』」(http://hiroitz.sakura.ne.jp/styled-54/Index.html 2017.01.10.アクセス)。

法学協会 [1948]，『註解日本国憲法（上巻）』有斐閣。

若尾典子 [2007]，「戦後民主主義と憲法24条——ジェンダーに敏感な視点から」『憲法問題』18，三省堂。

若尾 [2014a]，「近代家族の暴力性と日本国憲法24条」『名古屋大学法政論集』255号。

若尾 [2014b]，「軍事基地とジェンダー ——在沖米軍基地と女性の経験から」『ジェンダーと法』No.11。

若尾 [2014c]，「家族」『法律時報増刊』日本評論社。

若尾 [2017a]，「子どもの人権としての『保育』——ケアと日本国憲法」『佛教大学福祉教育開発センター紀要』14号。

若尾［2017b］,「自民党改憲草案24条の『狙い』を問う」本田由紀・伊藤公雄編著『国家がなぜ家族に干渉するのか——法案・政策の背後にあるもの』青弓社。

若尾［2017c］,「皇室典範と女性差別撤廃条約」『憲法研究』創刊号。

［佛教大学＝憲法学］

4 憲法理念からのネイション意識の再構築

暉 峻 僚 三

1 改憲 vs. 護憲以前に……

　「戦後レジームからの脱却」をあげる現政権が，彼らにとっての悲願の自主憲法制定＝改憲に前のめりになっていることもあり，近年改憲か護憲かというやや単純化された議論を報道メディアで目にすることも多くなってきた。また，改憲に向けた署名活動や，護憲を求める署名活動も活発化している。

　例えば，憲法改正を目指す団体「美しい日本の憲法を作る国民の会」は2016年のイベントで，これまでに700万筆以上の改憲賛同署名を集めたと発表した。改憲賛同署名運動では，神社や氏子組織が活発に動いていた（『毎日新聞』〔2016年5月4日〕）。

　護憲に向けたプロモーションも署名活動を盛んに行っており，「安倍9条改憲NO！　全国市民アクション実行委員会」は，2018年6月7日にこれまでに集めた1350万筆の署名を野党の国会議員に手渡した（『朝日新聞』〔2018年6月8日〕）。

　国会議員も，改憲・護憲キャンペーンの一翼を担っている。首相である安倍晋三氏は，2018年の憲法記念日に，改憲を目指す団体が開く集会において，ビデオメッセージを寄せ「いよいよ私たちが憲法改正に取り組む時がきた。国民の幅広い合意形成が必要だ」と訴えた（『時事通信』〔2018年

5月3日〕）。

　一方，同じ日に開催された護憲を訴える集会では，立憲民主党の枝野幸男代表や共産党の志位和夫氏が，主に9条改憲を念頭に「憲法をないがしろにするゆがんだ権力を一日も早くまっとうなものに変えていくため，他の政党と力を合わせる」（枝野氏）「安倍首相のやるべきことは憲法を変えることでなく内閣総辞職だ。政権もろとも9条改憲のたくらみを葬り去ろう」（志位氏）と改憲反対を訴えた（『産経新聞』〔2018年5月3日〕）。

　改憲を志向する政治家・市民団体，護憲を訴える政治家・市民団体ともに，活動を活性化させているが，現在は，安倍氏が9条に3項を加える改憲案を提示していることもあり，現行憲法の3本柱の中でも「平和主義」にスポットが当たることが多い。ただ，長い時間軸で見てゆけば，テレビ，ネット空間，紙媒体などのメディア空間で繰り広げられる，改憲に向けたプロモーションでは，「アメリカが作った憲法は，日本の国柄に合わない」「時代に合わなくなってきたから変えるべきだ」というトーンの主張がよく見られ，護憲に向けたプロモーションでは「憲法を守れ」「9条のおかげで，戦後の日本は平和だった」「日本を戦前に戻すな」といったトーンの主張がよく見られる。しかし，「国柄に合わない」「時代に合わない」というのであれば，少なくとも憲法の揚げる理念を実現させようとしてきたことが前提でなければ，国柄に合わない，時代に合わなくなってきたという理屈は通らない。護憲へのプロモーションも，国民主権，人権の尊重，平和主義を三つの柱とする憲法を「守れ」というのであれば，それは憲法の提示する理念を達成したという前提でなければ「守り」ようもない。

　では，日本社会は，日本国憲法をどのように扱ってきたのだろうか。本当に「変えろ」「守れ」と言うことができるほど，真摯に憲法の理念は社会で共有されてきたのだろうか。

2 憲法の理念は日本社会からどのように扱われてきたのか

筆者自身は，憲法の揚げる理念を次のように理解している。国民主権，人権の尊重，平和主義という三つの幹は，掘り下げてゆけば個の最大限の尊重という根に行き着く。一人ひとりがその人として尊厳を保って生きてゆく権利（人権）があり，尊厳ある個が熟議の上社会を作ってゆく国民主権があり，個々を数として動員し，殺し，殺される戦争や武力による問題解決を否定する平和主義がある。

戦前・戦中の天皇に身を捧げる集合体としての日本人という思想（国体思想）は，徹底した個の軽視となり，命の軽視となって，大きな災いを日本に，植民地に，戦争相手国にもたらした。

そのような苦い教訓からたどり着いたはずの「個の最大限の尊重」は，どれだけ統治機構をはじめとする私たちの社会に根づいたのだろうか。そして，そもそも，万世一系の天皇を戴く大家族としての日本人という国体・日本民族思想を日本社会は克服できたのだろうか。

日本社会にしっかりと埋め込まれており，近年はヘイトスピーチと呼ばれる憎悪表現という形で表出することも多い，レイシズムを視点として考えてみたい。

3 レイシズムの定義

レイシズム（Racism）・レイシスト（Rasist）という単語は，日本社会においても，朝鮮半島をはじめとする特定の地域への属性を持つ人々に対する憎悪表現・扇動であるヘイトスピーチが，社会問題としてクローズアップされるにつれ，定着しつつあるように見える。

しかし，一体何がレイシズムなのかは，はっきりとはしない。筆者は高校や大学でレイシズムを考えるワークショップを行うことがあるが，教員

も含めて「白人と黒人」のような肌の色による差別がレイシズムであると理解されていることも多い印象を持つ。確かに，辞典などではレイシズムは「人種差別・人種差別主義」（『ウィズダム英和辞典』〔2013年〕）であり，「人種に本質的な優劣を認め，構成する人種により社会や文化の優劣を判断する考え方。アーリア民族優越論・有色人種劣等論・黄禍論・アパルトヘイト政策など」（『スーパー大辞林』〔2013年〕）ということになっている。ここからは，欧米におけるアフリカ系の人々への差別に代表される，肌の色など身体的特徴から類型化される「人種」の優位性・劣等性に基づく制度や言動がレイシズムという理解が導き出される例示がされているが，実際にレイシズムが優位・劣等の基準とするのは，もっと広範囲である。もちろん，コーカソイド，モンゴロイド，ネグロイドなど，主に皮膚の色や骨格により，現生人類が類型化できるとする考え方に基づく差別は，現在もなくなったわけではなく，深刻なレイシズムではある。

　しかし，特に，日本社会におけるレイシズムを考える場合，対象は，上記のような「人種」よりもずっと広いものであることを前提にしなければならない。辞典を紐解いて「レイシズム」を定義してしまうと，日本に暮らす人々の圧倒的多数は「黄色人種」であり，「人種」的に多様とは言えないがゆえにレイシズムは深刻な社会問題ではないという単純化された認識になりがちである。

　では，基準としてのレイシズムの対象とはなんなのだろうか。国際法を参考に考えてみたい。

　国連で1963年に採択された「あらゆる形態の人種差別撤廃に関する宣言」では，前文においては「人種（Race），性，言語又は宗教による差別のないすべての者のための人権及び基本的自由の尊重を助長し及び奨励することについて，国際協力が達成されるよう求めている」と，レイシズムの対象として人種，性，言語または宗教をあげ，「世界のいくつかの地域において，人種，皮膚の色又は種族的出身に基づく差別が依然として深刻な問題を起こしているという事実に考慮」しているとし，皮膚の色や種族

的出身（Ethnic Origin）も対象としてあげられている。第1条においては，「人種，皮膚の色又は種族的出身（Ethnic Origin）を理由にする人間の差別は，人間の尊厳に対する侵害」であるとされており，前文に比べると，人種（Race），皮膚の色，エスニックな出身がレイシズムの対象となっている。

人種差別撤廃条約においては，レイシズムを「人種，皮膚の色，世系又は民族的若しくは種族的出身に基づくあらゆる区別，排除，制限又は優先であって，政治的，経済的，社会的，文化的その他のあらゆる公的生活の分野における平等の立場での人権及び基本的自由を認識し，享有し又は行使することを妨げ又は害する目的又は効果を有するもの」であると規定している。宣言に比べると世系という血統と，民族的属性（National）が，加えられている。

では，レイシズムやレイス，レイシズムの表出であるヘイトクライム・ヘイトスピーチという表記が使われている外国の法では，どのような属性をレイシズムの対象とみなしているのだろうか。

フランスで1972年に制定された「人種差別に対する闘いに関する法律（1972年：別名プレヴァン法）」では，出身，国籍，民族，人種，宗教，障がいを理由とした攻撃，扇動，差別を禁止している。

イギリスの人種関係法は，肌の色，人種，国籍，民族的・国民的出自に基づく差別，人種を根拠とする，公共の場における憎悪を煽る表現や，雇用，住宅などのサービスにおいての直接的・間接的な差別を禁止している。また，2006年に深刻化するイスラモフォビアに対応するため制定された，人種的・宗教的憎悪法では，宗教的な属性への憎悪の表現・扇動も対象となった。

アメリカのヘイトクライム統計法では，法執行機関に「人種，宗教，障害，性的志向，民族性」など人種差別的な動機に関連する殺人，レイプ，暴行，器物破損などについての情報を，毎年統計として公表することを義務づけている。そしてヘイトクライム予防法は，「人種，肌の色，宗教，

4 憲法理念からのネイション意識の再構築　63

民族的（national）出自，性別，性的指向，性自認，障がい」を動機とした，傷害や未遂事件の調査・訴追を，連邦が直接・間接的に行うことを定めている。ヘイトクライム判決強化法では，暴力的な犯行が「人種，皮膚の色，宗教，出身国，エスニシティ，性，障がい，性的指向」により被害者を選別していた場合は，刑罰を加重する。

　一方，日本の憲法・法律ではどうだろうか。レイシズム・人種差別やヘイトクライム・ヘイトスピーチといった語句を使ったものではないが，日本国憲法では，14条で法のもとの平等を定めており，差別の禁止と特権の廃止を謳っている。対象として例示的にあげられているのが，人種，信条，性別，社会的身分（出生によって決定される社会的な地位または身分）または門地，華族その他の貴族である。社会的身分，門地といった「生まれ」の属性に対する差別とともに，華族や貴族といった生まれの属性による特権も禁止・廃止の対象となっているなど，文言の違いはあるものの，あらゆる形態の人種差別撤廃に関する宣言や人種差別撤廃条約とおおむね同じ属性を対象としている。通称ではあるが「ヘイトスピーチ対策法」と呼ばれる「本邦外出身者に対する不当な差別的言動の解消に向けた取組の推進に関する法律」もあるが，対象としているのは，ヘイトスピーチの主なターゲットとなっている在日コリアンを念頭に，本邦の域外にある国または地域出身で，適法に居住するその出身者またはその子孫であり，付帯決議で他の差別も認められないことを謳っているものの，対象は限定的である。

　ここまで見てきた，国際・国内法が，レイシズムの対象としている属性は，人種，出身国，民族（National と Ethnic），宗教，言語，血統，性，障がい，ということになるが，共通している要素はなんだろうか。

　ヒトは二足歩行をする以前から群れで暮らしてきた動物であり，他を認識する場合も，自分を他に認識して欲しい場合も，自分が，または認識しようとする他者がどの集団に属しているかという属性情報を必要とする。そして，人の属性には，自分の意思で比較的容易に変えることが可能な属性と，自分の意思では変えられないか，変えることが難しい属性がある。

例えば，自分がどこの野球チームのファンであるかは「ジャイアンツファン」のような我々意識を構成するし，人の属性である。自分が共産主義であるというイデオロギーも，我々意識を構成し，また他からは「共産主義者」という集団に属しているとみなされる。このような属性ももちろん差別にさらされることもあるし，弾圧の対象となることもあるが，自分で選び取ったものであり，自分の意思で変えることが可能な属性である（それが容易かどうかは人によるが）。

　一方，レイシズムやヘイトクライムに関連する法体系の中であげられている属性は，いずれも，自分の意思で変えられないか，変えることが難しいものだ。人種，出身国，民族（National と Ethnic），言語，血統，性などの属性は，自分で選び取ったかどうかに関わらず，纏ってしまう属性である。宗教は自分で選び取る場合もあるが，自分の生まれ育った家がどの宗教・宗派に属しているのか，地域においてどの宗教・宗派がマジョリティであるのかによって，宗教的属性が決まる場合も少なくない。

　本稿では，レイシズムの対象を，自分の意思で変えられないか，変えることが難しい，いわば「脱げない服」である属性という理解のうえで記述する。

4　憲法の理念とレイシズムの現状

1　留意点: 現行憲法の内包するレイシズムとの親和性

　もちろん，現行憲法が，まったくレイシズムと無縁というわけではない。現行憲法自体が内包しているレイシズムとの親和性についても留意する必要はある。

　留意点として，次の点をあげたい。まず，第1条の天皇についての規定である。条文によれば，天皇は日本国民統合の象徴ということになっている。条文の中の天皇が，天皇という人を指しているのか，日本の制度の中の職・身分を指しているのかによって，レイシズムとの親和性も変わって

くるのかもしれないが，実質としてあまり違いはないようにも思える。天皇は血統ゆえに天皇である以上，その二つに明確な線引きはできないからだ。

　戦前・戦中には，現人神とされてきた天皇は，戦後すぐの1946年に「夫レ家ヲ愛スル心ト国ヲ愛スル心トハ我国ニ於テ特ニ熱烈ナルヲ見ル。今ヤ実ニ此ノ心ヲ拡充シ，人類愛ノ完成ニ向ヒ，献身的努力ヲ効スベキノ秋ナリ。(中略) 然レドモ朕ハ爾等国民ト共ニ在リ，常ニ利害ヲ同ジウシ休戚ヲ分タント欲ス。朕ト爾等国民トノ間ノ紐帯ハ，終始相互信頼ト敬愛トニ依リテ結バレ，単ナル神話ト伝説トニ依リテ生ゼルモノニ非ズ。天皇ヲ以テ現御神（アキツミカミ）トシ，且日本国民ヲ以テ他ノ民族ニ優越セル民族ニシテ，延テ世界ヲ支配スベキ運命ヲ有ストノ架空ナル観念ニ基クモノニモ非ズ」(官報号外〔1946年1月1日〕) と宣言した。天皇の人間宣言と言われる詔書である。人間宣言と呼ばれているが，なんとも微妙な言い回しではないだろうか。「天皇と国民との間の結びつきは，単に神話と伝説によってあるものではなく相互の信頼と敬愛によって結ばれて」おり，「天皇を現人神とし，かつ日本国民が他の民族より優れているから世界を支配するべき運命であるという架空の観念による結びつきではない」ということが述べられているが，これはどういうことなのだろうか。少なくとも「天皇は国民と同じような一個の人間である」と宣言したと理解するには無理がある。国民との紐帯が「単なる」神話や伝説によるものではない，ということは神話や伝説によって結びついていることは前提であり自明であるということにもなる。そして，その前提に立ったうえでの，相互の信頼と敬愛によって結びついている国民＝日本人＝日本民族と天皇いうイメージは，日本という家においての天皇という家長を頂点とした大家族としての日本民族という戦前の国体思想のイメージから，それほど急変したわけではない。もちろん，国民とともにあり，つねに利害を同じくすることと，相互の信頼に国民と結びつくということを宣言に入れたことは，家長が決めたことに全て従うというトップダウンの大家族主義からは決別する

ということではある。そして，現人神である天皇を頂点とした，他よりも優れた日本人というのは嘘である，とも述べている。この二つを総合すると「神話や伝説との繋がりは前提としつつも，少なくとも私自身は神ではありません。自分自身を頂点とする他より優れた日本人というのは間違いです」と宣言したことになる。

ただ，これをもって「人間宣言」と言ってしまって良いのかは，大いに疑問である。1億以上の人々と，相互に信頼と敬愛の念を結ぶことは，少なくとも一個の人間としてはありえないからだ。一方，もし想像上の血統のつながりを背景とした，家族というイメージを持ち出せば，相互の信頼と敬愛の念は成り立つ。

つまり，日本国民の統合を天皇が象徴するということは，日本人の自画像は想像上の血統というキャンバスの上に描かれることを意味し，そうなると，天皇制そのものがレイシズムと親和性を持っているということにならないだろうか。

そして，もう一つレイシズムとの親和性を感じる要素は，憲法のあちこちに見られる「国民」という表記である。GHQ 草案では "People" や "Persons" と表記されている部分に該当するところは，憲法では「国民」と表記されている。そして，国民という言葉は，憲法そのものが意図しているかいないかに関わらず，ときとして排外性を帯びる。

もちろん，憲法の「国民」が日本国籍保持者を意味しているわけではない。「マクリーン事件」と呼ばれる最高裁判例（最高裁〔1978年10月4日〕大法廷）においては，「憲法第3章の諸規定による基本的人権の保障は，権利の性質上日本国民のみをその対象としていると解されるものを除き，わが国に在留する外国人に対しても等しく及ぶ」としており，憲法の条文上の「国民」は，日本国籍保持者のみを意味しているわけではない。

意味しているわけではないが，それでも，憲法の中の国民という表記と，社会の中で一定程度共有されている，想像上の血統に繋がりを求める「日本人」像が結びついたとき，「国民」という表現は暴力性・排外性を持つ

4 憲法理念からのネイション意識の再構築　67

のではないだろうか。例えば，国会前に集い，首相退陣を求めるデモで「国民なめるな」というシュプレヒコールをあげる人々に，悪意はないだろう。そして，おそらく集う人々は，「平和」「人権」などのキーワードに敏感な人々が少なくないだろう。しかし，「国民なめるな」とコールしているとき，何世代も日本に根を下ろし暮らしてきながらも，投票すらできない，国民として扱われてこなかったと感じている人々に思いを至らせている人は多くないだろう。この例は，能動的な形を取らなくとも，受動的な形で排外性が私たちの社会に，常識として根づいているのかを示していないだろうか。このように，「平和」「人権」への意識が高いと思われる人々の間ですら，排外性が受動的に根づいているとしたら，社会全体では，推して知るべしである。無意識な，しかしもっと能動的な形での排外性を目の当たりにすることは決して少なくない。最近の例としては，外国人の生活保護受給をことさら問題視するような公人によるSNSの投稿に扇動され，実際に自治体に苦情の電話・手紙を入れるなどのケースもある。このような扇動に関しては，する側だけでなく，扇動される側も，人権意識が決定的に欠如しているとしか言いようがなく，レイシズムとの親和性以前に，人権という理念の社会への浸透度合いを疑わざるを得ない。

2 レイシズムに寛容な社会

　留意点を差し引いても，全体として，現行憲法は「個の最大限の尊重」を根っことして掲げている民主主義的な憲法であることは間違いないだろう。

　では，個を最大限の尊重する社会を私たちは作ってきたのだろうか。また，個を軽視する統治に対して，どれだけ異を唱えてきたのだろうか。残念ながら，個の最大限の尊重に対して，きわめて後ろ向きの態度を取ってきたのが，日本社会の姿ではないだろうか。

　人は様々な属性・帰属意識を持つものだ。人の属性の中でも，自分の意思で変えることができないか，変えることが難しいものに対して発生する

差別がレイシズムである。人の属性，しかも自分の意思に関係なくまとってしまう「脱げない服」である属性により単一のネガティブな色をつけ，そこに属しているとみなす個の尊厳を壊すような言動であるレイシズムは，現行憲法の根っこである「個の最大限の尊重」とは相容れない。もし，日本社会に個の最大限の尊重という理念が共有されているのだとすれば，少なくとも公的な空間におけるレイシズムは許されないはずである。しかし，現実はどうだろうか。公人による憎悪表現まがいの（またはそのものの）発言は枚挙にいとまがないし，公教育空間においても地毛証明書など，統治サイドのレイシズムから，草の根のヘイトスピーチに至るまで，日本社会はレイシズムへは極めて寛容なように見える。

　日本社会がいかにレイシズムに寛容であるのか，公人による民族差別の扇動を例として考えてみたい。

　石原慎太郎は，東京都知事を4期務めた，たいへん選挙に強い政治家である。東京都知事選挙では，常に2位以下を圧倒的に引き離して当選している。一方，「レイシズムの定義」の項でレイシズムの対象とした層への差別的な発言，憎悪の扇動とも言える発言も，任期中繰り返し行っている。

　例えば，1期目の2000年には，自衛隊の記念式典における挨拶で「今日の東京をみると，不法入国した多くの三国人，外国人が非常に凶悪な犯罪を繰り返している。もはや東京における犯罪の形は過去と違ってきた。こういう状況を見ると，もし大きな災害が起こった時には，大きな騒擾事件すら想定される」（第147回国会答弁書〔2000年〕内閣参質一四七第四一号）と不法入国，不法滞在の外国人だけでなく，旧植民地時代の台湾・朝鮮出身者という意味を持つ「三国人」という表現を加えて，彼らが凶悪犯罪の行為者であり，将来に起きるかもしれない大きな騒乱事件の潜在的実行者でもあるとしている。

　この発言は，国会でも質問主意書が出されるなど問題となったが，その後の記者会見などでも「東京にいっぱいいる，不法入国した身元のはっきりしない人間たちが必ず騒擾事件を起こすと思う」「東京の犯罪はどんど

4　憲法理念からのネイション意識の再構築　　69

ん凶悪化している。誰がやっているかといえば、全部三国人。日本以外の不法入国し居座っている外国人が犯罪者」「ロサンゼルスでも（地震の際に）少数民族による略奪事件があった。日本の場合は、もっと肩身の狭い、後ろめたい思いをしている外国人がいて……それが大きな災害の時、どんな形で爆発するかということを考えたら、知事として本当に寒心に耐えない」「違法に日本に入国し、駐留し、滞在し、そして犯罪を繰り返している、そういう人間たちが、何を起こすかわからない」「その人間たち（不法入国・不法滞在の外国人）が大きな引き金を引いて、大きな騒擾事件を起こす可能性がある」など、謝罪も撤回もしないどころか、同様の発言を繰り返した。

　一連の発言は、旧植民地につながる人々や外国人市民の尊厳を傷つけるだけでなく、これらの人々への憎悪を扇動している。そもそも、東京都で起きる凶悪犯罪の多くが不法滞在の外国人、旧植民地出身者によって引き起こされているというのは、根拠のない嘘である。警察白書の統計を見ても、1990年代〜2000年代にかけて外国人による犯罪検挙数は、検挙数全体のほぼ2％前後で推移しており、増えてはいないし、その中でも、一般的に凶悪犯罪とみなされる殺人、強盗、強姦などの比率も増えてはいない。最も多い検挙は、入管難民認定法違反者、つまり不法滞在そのものであり、当然だが日本国籍保持者は検挙の対象にならない）（警察白書［1999-2008年]）。

　これはつまり、自治体の長がデマに基づいて発言を繰り返したということである。もちろん、仮に「不法滞在者の凶悪犯罪の件数、もしくは凶悪犯罪に占める比率が増えている」という事実があったとしても、このような発言には、扇動効果が容易に想像できるだけに、慎重であるべきだ。

　さらに深刻なのは、事実ではないことに基づいた典型的な憎悪扇動発言を行ったのが、自治体の長であるということである。自治体の長による扇動は、一市民がこのようなことを公言する場合と比べて、比べものにならない影響力がある。選挙によって選ばれた自治体の長が扇動を行うという

ことは、差別や憎悪の扇動を公的空間で「しても構わないこと」ことと、権力がお墨つきを出しているようにも受け取られかねない。特に、関東大震災時に朝鮮人・華人等に対する残虐な殺戮のあったという歴史を持つ自治体である東京都知事がこのようなサインを出したことの意味は大きい。前述のように、この発言は、国会でも質問主意書が出されるなど、問題とはなったが、この発言を石原氏は撤回しなかったし、謝罪もしていないどころか、その後も同様の発言を繰り返した。

　わずかに修正したことといえば、後日文書の形で「在日韓国・朝鮮人をはじめとする一般の外国人の皆さんの心を不用意に傷つけることとなったのは、不本意であり、極めて遺憾です。(中略) 今後は、誤解を招きやすい不適切な言葉を使わぬように致します。なお、今後とも在日韓国・朝鮮人をはじめとする一般の外国人の皆さんに対する差別意識の解消を図るなど、人権施策の推進に積極的に努めてまいります」と表明したのみである (第147回国会答弁書〔2000年〕内閣参質一四七第四一号)。

　最も深刻な問題は、このような発言を繰り返す石原氏が、4期務めたこと、つまり選挙になると圧倒的な支持を集めたことである。一連の発言があった次の都知事選で、石原氏は得票率70.21%と、2位に3倍以上の差をつけて圧勝した。石原氏の発言は当然メディアでも報道されてきた。つまり、有権者は公人によるレイシズムの扇動に拒絶感を示すどころか、諸手をあげてサポートしたことになるのだ。投票率自体は44.94%と半数以下にとどまっており、戦後2番目の低さだったが、一連の発言は、テレビ、新聞ともに大いに報道されており、もし、過半数の有権者がこれら報道を認識したうえで、投票行為としての「ダメ出し」をしなかったのなら、レイシズムを傍観することで承認するという役割を果たしたことになる。もし、そのような認識はせずに投票に行かなかったのだとすれば、それは報道で伝えられたようなレイシズムを「知らなかった」というよりも「知ろうとしなかった」ことを意味しないだろうか。「知ろうとしなかった」という無関心は、文化的暴力の一種であり、レイシズムの承認と同じ効果を

4　憲法理念からのネイション意識の再構築　71

持つ。

　石原氏のケースは一例にすぎない。現東京都知事，大阪府知事といった自治体の長から，国会議員にいたるまで，選挙によって選ばれる立場の公人によるレイシズム発言は枚挙のいとまがない。そして，石原氏を含め，差別的言動によって辞任に追い込まれた公人はいない。不倫を理由に辞任に追い込まれるケースはちらほらあることを考えると，レイシズムがいかに「些細な」問題として私たちの社会で認識されているかということだ。

　もちろん，日本だけではなく，世界中どこの国・地域にもレイシズムは存在する。大切なのは，ネット上も含めた公的空間におけるレイシズムの表現に対して，明確に許されないこととする法体系と運用，そして民主主義の社会に暮らすものとしての市民意識である。そして，残念ながら，公人がレイシズム的な表現をしても，せいぜい報道される程度で，その後の選挙に影響しないということになると，少なくとも「個の尊厳」を最大限尊重するような市民意識は，日本社会には育っていないと言わざるを得ない。人種差別撤廃条約など，日本が批准している条約も含めれば，十分ではないかもしれないが，法的なフレームは存在する。法的なフレームがあるにも関わらず，朝鮮半島や中国への繋がりを持つ人々をターゲットとしたヘイトスピーチがほぼ野放しになっているような現状は，法の運用すら怠るほど，「個の最大限の尊重」が社会で共有されていないことにならないだろうか。

　憲法では，14条において人種，信条，性別，社会的身分または門地による差別の禁止と法の下の平等を定めており，98条では締結した条約，確立された国際法規の誠実な遵守を定めており，99条は公人による憲法の尊重と擁護の義務を定めている。しかし，実態はどうだろうか。

　日本国憲法では，個の最大限の尊重を表す人権，平和主義，そして国民主権を，国民は誠実に希求し，不断の努力によって保持ということになっている。しかし，上記のような，公人によるあからさまなレイシストぶりへの社会の寛容さ，学校での地毛証明書に見られるような集合体主義，日

米同盟への世論などをみると，そもそも人権，平和主義，国民主権を，日本の人々は希求したり，そのために不断の努力などをしてきたとは到底いえない。

想像上の血統に繋がりを求めるエスノセントリズムが，しっかりと日本社会に根づいているのに比べると，民主主義社会の主役としての日本の市民意識＝ネイションの意識は，レイシズムを放置する現状を鑑みて，根づいているとは到底いえないだろう。

5 「個の最大限の尊重」を共有する人民としてのナショナリズム

ナショナリズムは，どちらかといえば「悪役」のイメージ，エスノセントリズムのイメージで語られがちだが，近代ナショナリズムは民主主義と不可分である。例えば，近代ナショナリズムに大きなインパクトを与えたであろうフランス革命は，少なくとも理想としては，神の信託を受けた王が統治する領域と，神の声を運ぶ教会の統治する領域の中で俗世界と重なる部分を，その領域に暮らす人民自らが統治する領域へと変えるパワーシフトであり，ナショナリズムは共和国思想を共有する人々による人民主義でもあった（現実はともかくとしてという但し書きはつくが）。

第一次世界大戦後のナショナリズム研究で有名なハンス・コーン（Hans Kohn）は，ナショナリズムを西欧型と東欧型に類別した。コーンは西欧型の典型的な例として，フランスを取り上げている。フランスは，革命以前にある程度の文化的な集団意識が生まれており，自由な市民が自ら統治し，人民共同体を創造しようとするフランス革命は，民主主義の価値をネーションの意識と結合させたナショナリズムとしてコーンに取り上げられている。コーンによれば西欧型ナショナリズムは，①人民の同意によって正統とされる立法府が代表し，共通の法にのもとで統治される政治共同体であり，②個人の自由と平等の実現としてのナショナリズムであって，民主主義と不可分なものである。

4 憲法理念からのネイション意識の再構築 73

他方，コーンは東欧型ナショナリズムの典型としてドイツをあげている。ドイツは，出版資本主義による標準語が生み出されたあとも，長らく統一された国ではなかった。ナショナリズムも，人民の運動としてではなく，エリート層による，伝統や神話，言語と血統に拠り所を求める民族共同体の運動として展開されたため，民主主義的色彩や普遍性には乏しく，排外性を内包している（コーン［1988］122-148頁）。日本を大雑把に分類するのであれば，東欧型ということになるだろう。

　非常に乱暴に言ってしまえば，ナショナリズムを，「良い・進歩的で市民的（Civic）な西」と「悪い・遅れた民族的（Ethnic）な東」に分けているようにも見えるコーンのナショナリズム論は，批判を浴びながらも今日まで生き残っている。

　同じく，現代ナショナリズム論の大家であるアンソニー・スミス（Anthony D. Smith）によれば，どのようなナショナリズムであれ，市民的（Civic）な要素と民族的（Ethnic）な要素の両方を併せ持ち，市民モデル（西欧型）と血統モデル（東欧型）の不安定な集合であり，どちらかに分けられるものではない（スミス［1998］37頁）。そもそも「我々」という集団意識が全くないところから，政治的共同体としてのネイションはできないのであり，フランスにおいても，人民主義としてのネイション形成の土台には，それ以前の絶対王政時代にある程度の文化的統合が進んでいたことがベースにある。確かに，スミスの言うところの「共通の祖先・歴史・文化をもち，ある特定の領域との結びつきをもち，内部での連帯感をもつ，名前をもった人間集団」（スミス［1998］39頁）であるエトニの意識なしに，フランスのナショナリズムが成り立っていたかどうかは，疑問符がつく。

　そこで，仮に，コーンとスミスを混ぜ合わせ，EthnicなナショナリズムとCivicなナショナリズムを段階として捉えてみたらどうだろうか。集団の意識としてのエトニをナショナリズムのベース，そして，次の段階としての血統・文化集団としてのネイション意識，そして最終的な政治的共同体・市民モデルとしてのネイション意識と段階的に見た場合，日本はど

こにいるのだろうか。

　社会のレイシズムへの寛容さを見れば明らかなように，日本のネイション意識は，血統・文化集団としてのネイション意識の段階に留まっているように見える。

　連邦制の幕藩体制から中央集権の明治時代への移行を経て，日本民族論は1880年代までに二つの潮流を形成した。一つは，日本民族は後来の征服者と先住民族その他の混合民族論，もう一つは，日本には太古から日本民族が住みその血統が続いて来たとする単一民族論である。実をいえば，その後から現在に至るまでの日本民族起源論は，この大枠のバリエーションの域からほとんど一歩も出ていないといっても過言ではない（小熊［2010］31-32頁）。

　これら二つは大きく違うようにも見えるが，日本民族論が国体思想と結びつくとそれほどの距離はない。

　日本民族という一つの血統が大昔から暮らしてきて，明治以降の日本人はその末裔であるという日本人像は，シンプルでわかりやすい血統主義である。他方，「日本民族は後来の征服者と先住民族その他の混合民族論」は，一見すると多文化主義と親和性が高いようにも見える。しかし，明治以降，北海道，沖縄の併合をはじめとして，台湾，朝鮮半島の植民地化と領域の膨張が続いた天皇を頂点とする日本帝国が，領域内の多様な文化集団を尊重し，新たに内包することになった文化と対等に接してきたのかといえば，そうではなかった。そして，徐々に，「天皇の赤子として身を捧げる日本人」以外の日本人は許容されなくなっていった。

　戦後の日本社会は，国体思想は消えずに，制度のみ，憲法を頂点とする民主主義になったのではないだろうか。Civic なネイションを作るという社会構想が憲法では示されたものの，社会の意識は Ethnic なネイション意識に留まり続けていた。想像上の血統でつながる，大家族としてのネイションは，戦後も消えずに受け継がれてきたということだ。

　だからこそ，日本社会は，戦前・戦中の日本のエスノセントリズムの扇

4 憲法理念からのネイション意識の再構築　**75**

動と，動員された人々によりなされてきた「やってしまった痛み」の集合的記憶に向き合うことをできる限り避けてきた。これは，現在公教育や行政により行われている平和教育，平和行政をみれば一目瞭然であり，教育現場や行政で「語り継がれること」のほとんどは，戦時中の空襲，原爆，疎開，引き上げなど「我々が受けた痛み」に関することである。想像上の血統でつながる大家族としてのネイション意識のもとでは，我々意識と個としての我意識の間は限りなく近い。ゆえに「我々は何をしてしまったのか」という問いは限りなく「私は何をしてしまったのか」と近くなる。結果として，明治以降に根づいてきた，植民地やアジアの近隣諸国への優越感情や差別感情が解消されることなどはおぼつかず，「やってしまった痛み」の再生産は今日に至るまで，肉体的な暴力は伴わなくともレイシズムの表出としていたるところで続けられている。

　エスノセントリズムに囚われている限り，「我」意識と「我々」意識の距離も限りなく同一に近いものとなる。「個としての我」が重視されなければ，同化主義・全体主義的傾向に歯止めはかからず，「我々」への批判的言論・言動は，そこに属していると感じるメンバーの「我」への批判と同一とみなされ，「反日認定」となって激しい攻撃の的となる。レイシズムが再生産され続ける背景にある，想像上の血統に紐帯を求めるエスノセントリズムベースの「我々日本人」像は，変えなければ，差別を受ける被害者も増やし続けてゆくことになる。

　レイシズムに決別する社会を築くには，想像上の血統に紐帯を求めるネイションの意識から，憲法の理念を共有する人民としてのネイション意識（Civic なナショナリズム）へと，ナショナリズムの重心を移してゆくことが必要ではないだろうか。

　個の最大限の尊重をベースとし，人権，人民主権，平和主義という理念を共有する，日本の領域に暮らす人民という「我々意識」が社会に定着すれば，レイシズムに限らず，現在日本社会の平和を脅かしている様々な問題と決別するための土台を築くことにもなる。例えば，ヘイトスピーチな

どの憎悪扇動・表現は，個を最大限に尊重するネイション意識とは相容れないし，沖縄の基地問題や原発も，領域に暮らす個々が同じように最大限，個として尊重されてこその「我々」というネイション意識のもとでは，しわ寄せがいく「彼ら」の問題ではなくなる。

つまるところ，Ethnic と Civic のネイション意識のバランスを変えてゆくということだ。

現状として，憲法は，前述の留意点を除けば，概ね Civic なネイションを構想していると言って良いだろう。憲法というシステムが Civic なネイションを唱え，人が Civic になれなかったのが，戦後から今日までの日本なのではないだろうか。

紐帯という観点から見ても，Ethnic なネイションにしがみつく理由はすでにない。例えば明治以降の国語教育により，公用語に関しては，すでに標準日本語化が成し遂げられており，標準日本語が運用される文化的領域と，国の主権が及ぶ地理的領域も完全に一致している。逆に日本の主権が及ばない領域に出ると，標準日本語は一気に「使えない」言語となり、言語空間と領土もほぼ一致している。

良い・悪いという議論は傍らにおけば，文化的共同体の領域と主権の及ぶ地理的領域はすでに一致して（しまって）いるのだから，想像上の血統とつながるエスニックな意識にしがみつかなくともネイションと日本という領域との一体性を危ぶむような状況ではない。その中に，遅ればせながら「個の尊厳の最大限の尊重」という理念を持つ憲法＝制度を共有するネイション意識を育んで行くことが，改憲・護憲以前に日本社会が「試してみなければならないこと」ではないだろうか。

参 考 文 献

Anderson, Benedict [1991], *Imagined Communities: Reflections on the Origin and Spread of Nationalism*, Revised Edition ed. Verso.

Emith, Anthony. D. [1999], *The Ethnic Origins of Nations*, Blackwell.

Gellner, Ernest [1983], *Nations and Nationalism*. Cornell University Press.

Kohn, Hans [1944], *The Idea of Nationalism*, Collier Books.

Kohn, Hans [1965], *Nationalism: Its Meaning and History*, Revised Edition, D. Van Nostrand Company（佐々木毅・木村靖二・長尾龍一訳 [1988]，『国家への視座』所収ハンス・コーン「ナショナリズム」平凡社）.

Kymlicka, Will [1995], *Multicultural Citizenship: A Liberal Theory of Minority Rights*, Oxford University Press.

Kymlicka, Will [2002], *Contemporary Political Philosophy: An Introduction, 2nd ed*, Oxford University Press（千葉眞・岡崎晴輝他訳 [2005]，『新版 現代政治理論』日本経済評論社）.

Smith, Anthony. D. [1991], *National Identity*, Penguin（高柳先男訳 [1998]『ナショナリズムの生命力』晶文社）.

Hate Crime Statistics（https://ucr.fbi.gov/hate-crime/2010/resources/hate-crime-2010-hate-crime-statistics-ac）.

HATE CRIME LAWS（https://www.justice.gov/crt/hate-crime-laws）.

Loi no72-546du1er juillet1972relative à la lutte contre le racisme, J. O. R. F., 2juillet1972, pp.6803（https://www.legifrance.gouv.fr/affichTexte.do?cidTexte=JORFTEXT000000864827）.

Race Relations Act 1976（http://www.legislation.gov.uk/ukpga/1976/74/enacted）.

Racial and Religious Hatred Act 2006（https://www.legislation.gov.uk/ukpga/2006/1/schedule）.

小熊英二 [2010]，『単一民族神話の起源──日本人の自画像の系譜』新潮社。

「改憲署名 賛成派700万筆集める 氏子を動員」『毎日新聞』2016年5月4日（https://mainichi.jp/articles/20160504/k00/00m/040/133000c）。

「改憲反対 1350万」『朝日新聞』2018年6月8日（https://www.asahi.com/articles/ASL67563ZL67UTIL02C.html）。

「安倍首相「いよいよ改憲取り組む時」＝自衛隊明記に意欲－改憲集会」2018年5月3日（https://www.jiji.com/jc/article?k=2018050300583&g=pol）。

「改憲派・護憲派双方が集会 安倍晋三首相，9条への自衛隊明記は「自民党の責任」」『産経新聞』2018年5月3日（https://www.sankei.com/politics/news/180503/plt1805030050-n2.html）。

「あらゆる形態の人種差別撤廃に関する宣言」外務省 HP 仮訳（https://www.mofa.go.jp/mofaj/gaiko/jinshu/decl_j.html）。

「人種差別撤廃条約」外務省 HP 仮訳（https://www.mofa.go.jp/mofaj/gaiko/jinshu/conv_j.html#1）。

昭和50（行ツ）120「在留期間更新不許可処分取消」民集　第32巻7号1223頁

「第1節　国境を越える犯罪の現状2　警察事象の国際化の概況」『警察白書（平成11年度版）』（https://www.npa.go.jp/hakusyo/h11/h110101.html）。

「第7章　国際化社会と警察活動」『警察白書（平成12年度版）』（https://www.npa.go.jp/hakusyo/h12/h120700.pdf）。

「第8章　国際化社会と警察活動」『警察白書（平成13年度版）』（https://www.npa.go.jp/hakusyo/h13/h130800.pdf）。

「第9章　国際化社会と警察活動」『警察白書（平成14年度版）』（https://www.npa.go.jp/hakusyo/h14/h140901.pdf）。

「第5章　4節　組織犯罪対策の推進」『警察白書（平成16年度版）』（https://www.npa.go.jp/hakusyo/h16/hakusho/h16/figindex.html）。

「第4章　組織犯罪対策　第4節　来日外国人犯罪対策」『警察白書（平成17年度版）』（https://www.npa.go.jp/hakusyo/h17/hakusho/h17/figindex.html）。

「来日外国人犯罪の情勢」『警察白書（平成18年度版）』（https://www.npa.go.jp/hakusyo/h18/honbun/hakusho/h18/pdf/18p03000.pdf）。

「第3節　来日外国人犯罪対策1　来日外国人犯罪の情勢」『警察白書（平成19年度版）』（https://www.npa.go.jp/hakusyo/h19/honbun/pdf/19p02000.pdf）。

「第3節　来日外国人犯罪対策1　来日外国人犯罪の情勢」『警察白書（平成20年度版）』（https://www.npa.go.jp/hakusyo/h20/honbun/pdf/20p02000.pdf）。

「第147回国会（常会）答弁書第百四十七回国会答弁書第四一号　内閣参質一四七第四一号　平成十二年七月七日」（http://www.sangiin.go.jp/japanese/joho1/kousei/syuisyo/147/touh/t147041.htm）。

[中央大学＝平和学]

● 投 稿 論 文

5 「境界を越える」思想

震災後の知と平和学の役割

田村あずみ

はじめに

　境界をめぐる対立が，近年，社会に深く入り込んでいる。「私（たち）」
と「彼ら」の境界が強調され，分断を生んでいる。米トランプ政権の誕生
や英国のEU離脱，欧州での移民排斥を訴える右派政党の台頭は，現代社
会で不安定な生を強いられる人々が，境界線を強固にして，これ以上異質
な「外部」に脅かされるのを防ぐ動きとみなせる。複雑で予測不能な社会
から，より小さく安定的な領域への退避は，様々な形態で現れる——国家
の国際社会から，一地方の国家から，あるいは個人の社会からの逃避。い
ずれにせよ人々は他者への関与に疲れ，不安定性をもたらす他者から「私
（たち）」を切り離すことで，自らの生へのコントロールの回復を試みてい
るように思われる。

　境界を閉ざす自己防衛は，その内外に暴力的なひずみを生む。内部の閉
塞と，そこから完全に切り離された外部の怒りは，近年の国際社会におい
ては欧米のホームグロウン・テロリズムと，「イスラム国（IS）」の台頭な
どに表れた。一方で日本社会の自殺や過労死は，安定的な「内部」にとど
まろうと，社会の要求にみずからの生を押し込めた結果の暴力といえる。

81

本稿は，不安定な外部から隔離された安定的領域を作ることの誘惑に抗い，常に境界が侵犯される中で，個人がよりよく生きる技法を模索する実践知を検討する。その舞台は，震災により究極の不安定性を突きつけられた日本である。第1節は思想的探究として，従来の科学知や規範理論を「境界性の知」と捉え，現代社会におけるその機能不全を概観する。そしてこうした境界性の知に対する「非境界性」の知として，人間と人間以外のものの境界線を疑い，新たな関係性を提示するポストヒューマニズム・新唯物論を参照する。第2節では非境界性の知の実践例として，3・11後の反原発運動を取り上げ，この運動に見られる複数的で非人称的なエージェンシーに迫る。

本稿の目的は，自然科学，人文・社会科学を問わず，既存の知が前提とする境界的な思考を問い直し，不安定性に晒された現代社会の生の苦難に応答できる知を模索することである。カオスと分離される明確な境界線を引き，安定的準拠を構築しようとする態度は，境界を閉ざすことで不確実性を排除しようとする逃避と共通の根を持つ。こうした現状に対する平和学の役割は，不確実性の中で得体のしれない他者を歓迎し，ともに生きる技法を創造することだと主張する。

なお本稿は，筆者の2015年の博士論文をもとにした拙書（Tamura [2018]）の主要テーマを再構成したものである。

1 現代思想と非境界性の知

1 災厄と合理性の限界

境界を越える知を模索するにあたり，東日本大震災から出発したい。それは安定的な「領土」——確固たるアイデンティティや正当と信じられた権威——に生じた亀裂だからである。3・11後，各分野で知の再検討がされている。基本的なアプローチは，地震や原発に関する教訓を引き出すにしろ，社会関係や自然との関わりを再考するにしろ，現象の仕組みを解明

し，問題を除去して解決を図るものだろう。ただ，こうした知が未解明の領域を狭めても，問題のすべてが解明・解決されるわけではない。

核物理学者のアルビン・ワインバーグ（Alvin Weinberg）は，科学に問うことができるが，科学のみで答えることはできない「トランスサイエンス」の問題として，破局的な原発事故の起きる確率や低線量被曝の影響などを挙げる（Weinberg［1972］）。福島第一原発の事故については，事前の警告を無視した東京電力の利益優先主義や国の管理体制の不備が指摘されているが，たとえ完全な管理システムを構築しても，原発のような複雑なシステムでは，小さな欠陥の相互作用が予期しない事故を招きうると，チャールズ・ペロー（Charles Perrow）は「ノーマル・アクシデント」の概念を用いて警告する（Perrow［2011］）。また福島の低線量被曝に関しては，疫学的調査の限界からがんリスクを証明できないという事実が，科学的にリスクが認められないという言説として流布したことが問題となった（調［2013］）。これらの問題は，現在の科学の知見をはみ出る問題に対し，強引に科学的理解の網をかけて，疑似的な答えを得ることの危険性を示している。

複雑な社会では，私たちが一般的に知と考えてきたもの——たとえばある悲劇の原因を特定し除去する能力——に限界が生まれる。ワインバーグは，科学を越える問題は道徳と美学の分野で扱うべきだと述べる（Weinberg［1972］）。現在の科学的知見をはみ出る問題を強引に科学の領域に引きずり込むのではなく，別のタイプの知を招き入れるべきなのである。

では別のタイプの知とは何か。それは科学知に対する道徳だと単純に断定するわけにもいかない。ウルリヒ・ベック（Ulrich Beck）が述べるとおり，現代社会の複雑性は人々の責任感をも低下させてしまう（ベック［1998］）。自分たちの行動の結果が見えないとき，私たちは他者に向けて行動することを諦めがちだ。

哲学者のハンス・ヨナス（Hans Jonas）は，科学技術が人間の予想をはるかに超える影響をもたらす時代における責任原理を，彼が「恐れに基づ

く発見術」と呼ぶものから引き出す。不確実性が合理的思考を困難にするとき，「救いの予言よりも，不吉な予言にこそ耳を傾け」ること，つまり破局が避けられないと強く信じることにより生まれる恐れの感情が，私たちに責任ある行動を促すというのだ（ヨナス［2000］56頁）。これは限界の見える合理性に頼らず，情動を介して未来他者に接続する試みである。

　しかしここで，実際に「恐れ」がどのように生じるのかと問わねばならない。日本では次の巨大災害が予測され，実際に破局は迫っている。にもかかわらず，多くの人が恐れを抱いて現状を変えようとするより，将来の不安を避けようと日常の足場を固めている。責任の正当性を論証すれば，脆弱性に晒された人々が，義務として自らに課すと期待するのは楽観的だ。

　合理性が確実性を担保できない時代に，ヨナスは個別の身体にやどる情動を，普遍的な義務規範へと導こうとする。しかし両者は接続可能なのか。破局を「恐れる」ことを自らに課さない限り，私たちと未来他者の架け橋は現れないが，義務として自らに課すことができるのは合理的主体である。むしろ超越的な道徳規範を介することなく，各個人の情動が境界外の他者へと直接向かうような，倫理的情動の可能性を考えねばならないのではないか。

2　「非境界性」の知と倫理的情動

　義務規範の誘惑を逃れて，個別の身体に内在する情動の倫理性に注目するのが，東浩紀が震災後に提唱する「観光客の哲学」である。観光客は，固定的な社会関係・アイデンティティに支配された予測可能な日常の領土と，アイデンティティを失って偶然性に開かれた外部を行き来し，新たな視座を獲得する。観光客を突き動かすのは，外部に開かねばならないという普遍的義務ではない。個々人の好奇心である。寛容さを道徳として強調するリベラル的普遍主義が敬遠される現代社会で，東は人々を偶然性（外部・他者）へ開かせる倫理を内在的な欲望と接続する（東［2017］）。

　ただし観光客の哲学は，「域外」の旅から戻る安定的な日常の領土を前

提にしている点で疑問が残る。震災が明らかにしたのは，私たちの日常そのものの脆弱性だからだ。境界侵犯は，安定的な内部からカオス的外部へ「観光する」という能動的行為ではなく，災厄のように予測不能な形で強いられる。私たちの社会は常に予期せぬ力に晒されており，だからこそ境界を強固にして，より安定的な「内部」を作ろうとしていることが問題なのだ。観光客の哲学は，私たちがこの脆弱性にもかかわらず，なぜ外部に開くことを望むのかという問いに正面から向き合えない。

　これに対し，境界侵犯を能動的行為ではなく，より受動的なものとして提示する思想として現代思想のポストヒューマニズムやニューマテリアリズム（新唯物論）を挙げたい。それは我々／他者の分断を社会レベルだけでなく，人間と人間以外のものとの境界（ポストヒューマニズム）や，生命と非生命の境界（新唯物論）で問い直し，とくに関係性における主体と客体の分離に異を唱えるのである[3]。

　これらの最も重要な示唆は，システム内部と外部に明確な境界がないということだ。個体というシステムは常にその外側からの影響に晒されており，完全に自律的な行動を取ることはできない[4]。「自らがもたらす影響について，全責任を持つことは到底できない」（Bennett［2010］p. 37）のである。複数の思想家はドゥルーズ＝ガタリの哲学から，この複数的・非統合的身体を「assemblage（集合体）」と説明する（DeLanda［2006］, Bennett［2010］, Braidotti［2013］）。個体も社会的共同体も，多様な要素が複雑に絡み合った集合体であり，それらは相互作用し，変化しながら新しい関係性を生成するのだ。

　このことは以下を意味する。第一に，部分も全体も常に変化の過程にあるため，集合体は本質的特性や固定的なアイデンティティを保持しない[5]。第二に，集合体の中では構成員の意図は弱められる。つまり各構成員が意図を持って行動したとしても，それぞれの行動が相互作用した結果，集合体として生じる効果は，個々人の意図を越えてしまう。集合体の中の因果関係は，原因から結果への線形モデルで表すことはできないのだ（De-

Landa［2006］,Bennett［2010］)。災害もこうした集合体の予期せぬ結果と考えられる。

3　ポストヒューマニズム・新唯物論と実践知

　東の「非境界」的な存在が，比較的明確な個人としての願望を持ち，境界内部と外部を行き来する存在である一方，ポストヒューマニズム／新唯物論では，個体を含むあらゆるシステムの領域自体が曖昧である。この世界観は，複雑な現代社会のネットワークに捕らわれた不安定な個体の性質をよく捉えている。こうした存在を認めることは，一般的には無力さの肯定と考えられているが，ポストヒューマニズムや新唯物論は，身体が外部に開かれ複数的であることを，無力さの弁明とするのではなく，それこそが倫理的可能性であると示す。

　これらの思想は，集合体としての社会で予測や意図が機能しないことを指摘しつつも，集合体を構成する個の主体性を完全には否定せず，新しいエージェンシーの形を提示する。さらに直線的な因果関係や恒常的モデルの構築に否定的である一方，筋の通った知の構築を諦めるのでなく，別のタイプの秩序を示唆する。この秩序は新唯物論において，中央統制がないままに展開する自己組織化の概念をもとに説明されることが多い（De-Landa［2002］,Connolly［2013］)。自己組織化システムでは，変化は決められた終着点に向かうわけでもなく，完全な偶然に左右されるわけでもなく，構成要素の性質から機械的に導かれるわけでもない。自己組織化は，外部から新しい不安定化要素を取り込み，新しい環境に適応するためにシステムを再編成する動的な秩序である（Connolly［2013］)。

　自己組織化は自然科学の概念だが，政治的エージェンシーの新たな洞察を与えてくれる。私たちは，外部の影響から完全に切り離された自律的行動を取ることはできないが，自己システムの外から来る力に完全に従属するわけでもない——その相手が自然であれ，国家であれ，他者であれ。複数的身体（集合体）は人間・非人間を問わず，様々な力が交差する場であ

る。非「主体」的存在は複数的であるがゆえに，個人の充実した生への願望が，他者とのよりよい関係性を探る努力へと直接向かう可能性に目を向けたい。

　私たちの知は，世界を静的な秩序化の対象にしがちだ。科学的な知が顕在的なものの因果関係を解明してモデルを構築するように，政治学も自明の利益を持ち自律的に行動する個人を前提に，その個人が正当と認める普遍的秩序を模索する。しかしこうした顕在性への固執や静的秩序化は，未確定なものを思考の埒外に追いやる。これらが「秩序だった内部」と「無秩序の外部」を分ける領域的思考である一方，ポストヒューマニズムや新唯物論では，システムは常に環境からの影響に開かれ，厳密な境界線はないと考える。主体と客体も明確に区別できず，主体が客体に影響を与えるという直線的な因果関係や，主体による客体の意味づけ・秩序化などの従来の知とは別の知が示唆される。

　この二つの違いは，仏哲学者エティエンヌ・タッサン（Etienne Tassin）が3・11後の知のあり方として示す二者択一にも現れている。一つはあくまで自然を客体として人間に従属させ，制御しようとする道。これが不安定さを排除する領域拡張的な知である一方，もう一つの道は根本的なパラダイムシフトを要請する。「自然や世界に対する支配，制御，所有，我有化，搾取という複合的パラダイムはもはや妥当ではない」と学び，別の関係性を築くのだ（タッサン［2015］49頁）。それは不安定なシステムの一部として，その内部で新たな構成を探る，非境界的な実践知と言える。

2　震災後の市民運動と「境界を越える」思想

1　脱領土化と混成的自己

　ここからは，前節で示唆された複数的・非意図的な存在と，それが作り出す具体的な知の形を，災厄後の政治実践から考える。災厄によって人々は安定的なアイデンティティを失い，予測も制御も不可能な関係性に放り

込まれる。3・11後の日本では，こうした混沌の中でも無力感に陥ることなく，社会に変化をもたらす行為者となろうとする人々が目立った。

　2011年の福島第一原発事故後，それまで政治に無関心だった多くの人々が反原発運動に参加した。私が東京で実施したデモ主催者や参加者への聞き取り調査で，その参加動機として挙げられたのは，事故によって喚起された様々な感情である。たとえば被害の甚大さに対するショック――「デモに行く以外に他に何をすればよいか分からなかった」（官邸前抗議参加者，30代女性，2013年）。そして原発は安全だと吹聴し続け，事故後も被害実態を明確にしなかった東電や政府への怒り――「私は親の言うこと，先生の言うことを聞いてまじめに生きてきた人間だが，それで何になったのか。もう自分の頭で考えなきゃだめだ」（官邸前抗議参加者，60代女性，2012年）。

　調査の中で最も頻繁に耳にしたのは後悔や自責の念である。「経済成長の間に原発の恩恵に預かってきた。事故後，初めてその危険性を認識した。その反省から参加している」と述べたのは，事故から1年後のデモに参加していた60代男性だ。また同じデモで会った20代女性も「私たちが社会に無関心でいる間に事故が起きてしまったことに危機感を感じて」参加したと語った。後悔は，単に原発のリスクに無関心だったことに対してのみ向けられたのではない。東京の人々は，そこから200キロ以上離れた場所にある福島第一原発が，東京の生活を支える電力を発電していたことを事故後に知った。「自分もまた（事故の責任者としての）東電や経産省なのだ」とあるデモ主催者は語った（30代男性，2012年）。

　彼らにとって原発事故は，それまでシステム「外部」とみなしてきた要素が，突然「内部」に侵入して安定を揺るがす「脱領土化」（Deleuze and Guattari［1980］）の出来事だった。自分たちとは関係ないと思い，境界の外に追いやっていたもの――政治家や科学者の議論，原発立地地域の人々や将来世代の生活――が，実は自分の生活と繋がっていたという発見。自分と社会は切り離すことができず，沈黙は現状を無条件に肯定する無責任な「関与」であったという気づき。そこから，自分も巻き込まれているシ

ステムを，自分と他者にとって望ましいものに変えていこうという責任感が生まれる。

　路上は政府や東電に対する怒りを表明するだけの場ではない。複数の人が，忘れっぽく怠惰な自分への戒めとして運動に参加していると話した。何も行動しなければ事故のショックを忘れて日常に帰り，切り離すことのできない社会から自分が切り離されたように錯覚し，また同じ過ちを繰り返してしまう。だからこそ自分の身体を路上に運び，他者の前に晒す。他者とは他のデモ参加者や福島の人，原発労働者であり，その出会いは薄れつつある感情を呼び覚ますだけではなく，別の社会問題について学ぶきっかけを作ったり，異なる価値観を与えてくれたりする。こうして路上で得た知識や感情が，新しい行動のモチベーションとなる[7]。

　デモ参加者はよく，自分は「頭数」として参加していると語る。これは集合体の中に溶け込んで固有名を失った，非人称的な自己認識といえる。しかしこの集合体の中の非人称的な自己とは，集団に埋没し，他者の意志に従属する存在ではない。デモ参加者は，誰かのためというより「自分のために」抗議していると強調する。たとえば官邸前抗議の主催者の1人は，「同じシステムに住む自分の問題」として抗議していると話す（インタビュー，2014年）。また，デモを通じて多くの人と地域で繋がり，「一緒に新しいアクションを創っていく」ことの喜びを語ったスタッフもいる（インタビュー，2012年）。

　ある30代の官邸前抗議参加者は，原発事故後，福島の人々の暮らしを知りたいと現地へ赴いた。福島の人と寝食を共にするうち，「彼らが抱える問題が自分の問題になった」と振り返る彼は，福島の人々からのメッセージが書き込まれた白い防護服を着ていた。「福島を背負っている」と彼は笑顔で語ったが，それは福島の人々を代弁しているとか，彼らのために行動しているという意味ではないように思われた。彼らの言葉を肌身に着けて抗議することで，彼は東京にいながら福島の人々と「共に生きている」と言いたかったのではないか（インタビュー，2012年）。

5　「境界を越える」思想　　89

ポストヒューマニズムや新唯物論の思想家が参照するジル・ドゥルーズ（Gilles Deleuze）はこのような他者と混淆的な「溶けた個」こそ，生の喜ばしい側面であるとする（Deleuze［1969］）。デモに参加する人々にとって，個々の身体は不完全なものだ。それは放っておくと閉じて，外部に無関心になってしまう。一方，運動の中で他者と相互作用する複数的な身体は，より倫理的で創造的だ。彼らは他者と絡まり合った混成的な自己として新たな関係性を作り直していることに，自らの誇りを感じているように見えた。

2　路上の実験としての知

　2011年3月，福島第一原発事故直後に始まった反原発運動が最も高揚したのは，定期点検等で全原発が停止した後の2012年夏，政府が福井県の大飯原発を再稼働する直前だった。同年3月末から毎週行われてきた首相官邸前抗議には，一晩で十万人以上が詰めかけた。官邸前抗議は2018年現在も毎週開催されている。日常の基盤そのものを震災に壊された被災者を除き，大多数がすでに日常に戻った日本社会において，路上の抗議は日常の「外部」に開かれている。デモ参加者が路上に行くのは，忘れっぽく，すぐに境界を閉じようとする傾向を持った個体が，それでも完全に閉ざすことができない「亀裂」として，路上が機能しているからである。

　これは境界を完全に廃止する試みとは別だ。私と他者の混淆状態とは，決して自他の境界の消失を意味しない。自己というシステムを成り立たせる特定の領域はあるが，その輪郭は曖昧であり，普段はシステムに大きな影響を及ぼさないためにシステム「外」とみなしている要素とも実は繋がりあっている状態——常に予期せぬ侵入に開かれている状態を指すのだ。そして境界が不確定なまま生きる個体の倫理性は，境界を廃止するという道徳的義務とは異なる。

　ドゥルーズ哲学は，すべての生に秩序化や階層化への傾向と，創造的な分散やカオスへの傾向が両方備わっていると考える（Colebrook［2010］）。

開放性と閉鎖性の間で各々のバランスを見つける試みが，3・11後の反原発運動の参加者にも見られた。災厄がもたらす脱領土化の後には，必ず再領土化がある。それでも境界を完全に閉じてしまわないように，身体を路上へと運ぶ。そこは外部に開かれており，人々に感じ，考え，変わり続けることを強いるのだ。

あるデモ主催者は次のように話した。

> 社会は複雑で，利害関係が絡み合っている。自分が最も嫌っている組織のステークホルダーになるかもしれない。それをいちいち自分たちの罪だと考えていたら，生まれてこなければよかったってなってしまう。生きることにセオリーなんてない。ただ生きようとするだけだ（30代男性，2012年）。

現在，生をめぐる多くの事象が普遍的な「セオリー」として語られる。民主主義とは，正義とは，平和とは，と研究者は望ましい社会の設計図を構想する。しかしそうした普遍的モデルは「いまここ」における個別の生の苦境を置き去りにしかねない。ワーキング・プアがリベラル的な普遍価値に背を向けることは，硬直したモデルに安住する知識人への問題提起でもある。モデルは，必ずしも不確実性の中でもがく人々の希望とならないのだ。

3・11後の市民運動から生まれた知を体系化するとき，同じ轍を踏まないようにしたい。この運動をひとつの明確な民主主義の「形」として提示することは，この運動の重要な示唆を裏切る。3・11後の反原発運動，とりわけ政治に無関心だった人々を取り込んだアクションにおいて，主催者が留意したのは，イデオロギー性を極力回避することだった。そうしたアクションを主催者たちは「器」と表現した。あるいは別のデモ主催者は，それは「イン（inn）」のようなもの——「人々がそこで出会い，情報を交換して，また別々のところへ旅立ってゆく」——だと語った（インタビュー，2012年）。

運動体は初めから行動指針を共有していたわけではない。震災や原発事

5　「境界を越える」思想　91

故という出来事によって，安定的だったシステムに外部の力が侵入した後，人々は出会いから生まれる反響を頼りに，社会的関与の動機や次の進路を見出してきた。つまり3・11後の運動は理想的な民主主義の「形」を示したというより，他者との出会いから変化のきっかけを得る不定形の「場」を作ったといえる。それは個々人の実験の場だ。未知の他者に対し，自らの脆弱な生をどこまで開くことができるのか——アナキストはほとんど常に境界侵犯を望むかもしれないし，明確な所属を持つ人は，数ヵ月に1回，路上という亀裂から域外の要素を取り込み，日常の再配置を行うのかもしれない。

　実践的な運動にも携わっている社会学者のジョン・ホロウェイ（John Holloway）は，私たちの抵抗に「正しい答えなどない，あるのは何百万もの実験だけだ」と述べる（ホロウェイ［2011］316頁）。身体を通じて情動を受け渡し合いながら，各々がよりよい生の技法を模索する。実験としての政治である社会運動が生み出す知は，「建築家」に対する「工匠」の知である（Osterweil and Chesters［2007］）。建築家は設計図に基づいて物質を配置するが，工匠は自らの身体と物体の特性の相互作用から創造を行うため，完成形のイメージを持ってはいない。

　政治哲学者のトッド・メイ（Todd May）がドゥルーズ哲学を引いて述べるように，こうした知は「いかに生きるべきか」ではなく，「いかに生きうるか」を問う（May［2005］）。「べき」を問うのは規範理論である。複雑に絡み合う現象を静的にモデル化するのと同様，複雑な社会で価値判断を行うための規範を構築することも，「境界性」の知に属する。モデルや規範は重要だが，絶対的なものとして提示されると危うい。それらは異端のもの，その時点で未知のものを排除する。モデルの構成要素が相互作用によって性質を変え，モデルそのものが無効化される可能性も無視する。学者がこうしたモデルの不完全性を顧みず，解答し得ない問題に疑似的な答えを与え，社会がそれに依存するときに悲劇の芽が育つ。

　ウィリアム・コノリー（William E. Connolly）は，すべての物事に完全な

説明ができると考えがちの私たちの過信を戒め，偶然性に目を向けた状況主義的な知の必要性を訴える（Connolly［2013］）。3・11後の反原発運動は，まさに私たちが理解するシステムの外からやってきた出来事に対する，個人の状況主義的な応答で構成される。そこで問われるのは何が正当かではなく，より実践的なことだ──次に何と繋がることで，どこにどんな効果を作れるのか。他者との接続からどんなエネルギーを受け継ぎ，新しい創造へと向けるのか。そして境界を閉ざすことのできない身体を使って，いかに実験を続けてゆけるのか。

3 3.11後の運動と社会科学

3・11後の反原発運動は，政治的な行動の端緒がアイデンティティの存在しないところにあることを示した。運動は明確な政治的意図を持った人々によって始められたわけではない。不安や怒りや後悔の念で，いてもたってもいられず路上に飛び出した個々人の行動が大きなうねりとなった。

ホロウェイによれば，私たちの出発点は現状否定の「叫び」である。「叫び」は通常，幼稚で非政治的なものとみなされる。3・11後の反原発運動も，一部の知識人から代替案を示さない感情的な行動だと批判された。しかし感情的な叫び以外にどこから始めるのか，とホロウェイは問う。

> 私たちはクモの巣に捕らえられたハエです。私たちは，そのような，もつれあった，めちゃくちゃな状態から出発するのです。ほかに出発点などありはしないからです。私たち自身の体験している違和感の外に立っているかのように装って，そこから出発することはできないのです。だってそんなことをしたら嘘になってしまうからです。（ホロウェイ［2009］21-22頁）

現在の社会科学は，知の探究の基点をアイデンティティに置く。確定的なものを起点や到着点に据える。「私たち」が誰かを定義せずに「私たち」を語り，代替がないのに現状を拒否すれば批判される。けれども誰かがもがく姿に無意識に共感して，「私たち」は別の「何か」を望んでいると思

うこと——そのような定義不能の情動が人を行動へ駆り立て，政治的主体が生まれる。現在の政治的閉塞に対する，3・11後の市民運動のこの重要な示唆は，顕在的なものを足がかりに思考する限り見過ごされる。

　社会科学が顕在的なもののみを対象に客観的分析を行うとき，その知は無力感に捕らわれた無名の個人が，いかにして不安や期待を他者と共有し，社会を変えうるかという，現代社会の疎外に関する最重要課題に取り組むことができない。また，普遍的準拠を打ち立てて問題解決を図る知は，往々にして社会の急激な変化に盲目である。いわゆる科学性（客観性，実証性）や普遍性への固執は，社会の動的な側面を軽視することで，絶対安全とされるものを破壊する致命的欠陥を見落とす（cf. 原発事故）だけでなく，不可能だと思われた希望が実現する可能性も見落としてしまうだろう。

　さらにホロウェイが批判するのは，研究者自身の位置取りだ。一人称「私（たち）」は学問の世界で忌避され，「彼ら」や「それ」について描写し分析することが推奨される。研究者は現象の外側に立ち，現象について客観的な理論を構築する。そこでは研究者という知識生産の主体と，研究者によって意味を与えられる客体が分離される。そのような知は，「叫びから出発した私たちは，疎外された生をいかにして肯定してゆくのか」と問う代わりに，「なぜ彼らは叫んでいるのか」「その叫びは妥当なのか」と問う。こうした社会科学の態度は，実際に反原発運動の中で批判に晒された。3・11が突きつけた教訓が，私たちは自らを予測不能の外部から切り離すことができず，わからないままに現象に関与し続けるしかない，ということであるときに，なお現象の外側から客観的にデモを分析しようとした社会学者に対して，デモ主催者らは強い不信を持ったのだ。

4　不確実性と知の探求

　反原発運動の中で見られた社会学批判も示すとおり，3・11後の知の再構築は，自然科学に対する人文・社会科学からの批判という構図を取りえない。そうではなく，これらすべての学問が前提としてきた領域的思考へ

の批判の形を取るのだ。混沌の外側に立ち，顕在的要素のみを分析して静的な秩序化の対象としてきた知を批判し，不確実性や潜在的可能性を知の体系に組み込むよう要求するのだ。

　その意味で，知の構築における主体と客体の分離に，最も明快な批判を行うのは現代自然科学である。素粒子物理学の博士号を持ち，フェミニスト理論家であるカレン・バラード（Karen Barad）は，新しい存在論・認識論と倫理を量子力学の教訓——「私たちは，私たちが理解しようとしている自然の一部分である」（Barad［2007］p. 26）——から導く。バラードは認識における「表象をつくる主体」と「表象される客体」の分離を批判するが，批判の根源にあるのは，彼女が"agential realism"と名づける存在論だ。それによれば，世界は独立したエージェンシーが相互作用している（＝interaction）のではなく，諸々の存在が分離不能なまま「内側から"intra-action"する」こと通じて，個体的エージェンシーが事後的に現れる（Barad［2007］p. 33）。ここでの倫理的な知とは，現象の外部から正確に表象することではなく，現象の内部で"intra-action"を行うことだろう。

　物理学者で国際政治研究者の内藤酬も，近代的二元論を超克する哲学的示唆を量子力学から引き出す。内藤によれば，「全体から切り離された認識主体を考えることも，認識主体から独立な客観的世界を考えることもともに擬制でしかない」（内藤［2010］80頁）。バラードが"intra-action"という概念で解説する物質現象を，内藤は「量子場の相互作用」と説明する。近代科学は独立した粒子の相互作用から現象を解明し，近代市民社会もまた独立した「原子的個」から構成されると理解されてきた。こうした認識のもとで主体と客体が分離され，人間が自然を，あるいは人間が人間を対象化して支配する権力関係が生まれる。一方の現代科学が示唆するのは，個別性を維持しつつ他と繋がりあった存在だ。内藤はそれを「場所的個」あるいは「量子的個」と呼ぶ。それは「『量子場の相互作用』がつくりだす場のゆらぎを媒介として他の『量子的個』と関係を結び，そこに無限に

5　「境界を越える」思想　　95

多様な個と個の共同性をつくりだす」（内藤［2010］157頁）。こうしたエージェンシーにもとづく自然観は，支配の理論に変わる共存の理論を提示すると内藤は述べる。

　量子論の存在論的示唆については，私の専門とかけ離れているため詳細には立ち入らない。しかしあらゆるものが巻き込まれた場から出現する存在に，必ず不確定性が備わっているならば，私たちは確定的な領域を広げるだけでなく，不確実な中で生きる知を必要とするだろう。

　不確実な中で生きる知とは何か。ミシェル・フーコー（Michel Foucault）は個体のアイデンティティを問わずに生きることを「自己の存在を芸術品にすること」と述べる（フーコー［2001］52頁）。重要なのは自分が誰かより，自分の存在をどう活かすかであり，生きる術とは「自分自身および他の人間たちとともに個体性，存在，関係性を作り出し，名前のない特性を作り出すこと」（同50頁）である。ポストヒューマニズム／新唯物論の立場から，私は最初の部分を「自分自身および（非人間・非生命も含む）他の存在たちとともに」と言い換えたい。相手が何者かを問うことなく，その価値を見定めることなく，無名の特性と相互作用して，互いの存在を肯定するような関係性を創り出す——そのような知を実践によって模索してゆきたい。

おわりに

　境界をめぐる対立が，近年，社会に深く入り込んでいる。高い壁を作り，外部から予測不能の他者が侵入するのを防ごうとする試みがある。そこまでいかなくても，多くの人々は自らの安定を得るのに必死で，「外」に開く余裕がないかもしれない。脆弱性に晒された生は，安定をくれるなら抑圧的な権力に従うし，自己肯定感を与えてくれるならオルタナティブ・ファクトも歓迎するだろう。安定も承認も持たない人々は，変革の希望を暴力に託すだろう。

不寛容とポスト・トゥルースの時代を嘆く声は知識人に多いが，この道を切り開いたのは学術知かもしれない。変化し続ける社会で普遍性に固執し，絡まり合った関係性から自らを切り離して擬制の外部に立ち，答えを出せないものに確定的な答えを与えてきた知識人の態度こそ，世界の多様性を軽視し，真実の価値を下げたのではないか。主流の社会学や政治学が客観性や普遍性に拘泥し，領域的思考を抜け出せないとき，その思考の外に追いやられたものに平和学が手を差し伸べねばならない。それは名もなく，価値を見出されていない他者とともに創造を行いながら互いの存在を肯定する，終わりのない実験だ。

　それが何であるか確定させない限り思考を始められず，対象が何者かわからない限り価値を見出せず，到達点がどこかわからない限り創造を行わないのは臆病な知である。不確実さを排除することのみに汲々とせず，つねに未知の要素が侵入する不安定なシステムの中で生きる技法を自ら実践すること，「クモの巣」の内部でもがきながら新たな知を示すことが，現代の政治的閉塞に対する平和学研究者の責任である。

注

1　このヨナスの議論は，近年「賢明な破局論」として再提示された（Dupuy［2002］）。

2　ここでは道徳と倫理をフーコーやドゥルーズに倣って区別する。道徳は「超越的価値に照らして行動や意図を裁く」ことである一方，倫理は「任意の規則を集めたもの」で，私たちの行動や言動を「生存の様態をもとにして評価する」（ドゥルーズ［2007］203頁）。

3　現代思想では複数の類似概念がある。たとえば人間と環境の混淆状態を表す意味で「ポストヒューマン」は「人新世」の概念とも共通するが，本稿の主題は人間中心主義の超越であるため前者に焦点を当てた。「人新世」は人間の活動が環境に重大な影響を及ぼす時代区分だが，この時代の知のあり方について一致した示唆は持たず，近代的な人間主体概念を受容している論者もいる。新唯物論は，物質が人間の意味づけの外に存在すると主張し，人間中心主義を批判する点で思弁的実在論と通じるが，

人間も含めた物質間の相互作用や変化に力点を置く新唯物論の方が，社会思想と親和的であると考えた。

4 　この点で，ポストヒューマニズムはトランスヒューマニズムから区別される。後者は人間の意図・主体性を非人間領域へ拡張することを目指すのに対し，前者は人間と非人間の相互浸透による非意図的な創造を祝福する。両者の違いは Wolfe［2010］などが指摘している。Tamura ［2018］の第 6 章参照。

5 　「Assemblage（集合体）」は明確な輪郭を持った個体の集合のような印象を与えるため，非人称的存在が絡まり合う複数的身体を指す概念として適切ではないとの批判もあるが，assemblage theory として定着していることを鑑み，本稿ではあえて使用した。

6 　調査は2012〜2013年を中心に，博士研究として英国・ブラッドフォード大学の倫理委員会の許可を得て実施された。協力者には研究目的を説明し，成果公表も含めて同意を得た。

7 　政治行動の合理的動機や戦略を見る従来の政治研究に対し，近年では感情の役割が重視される（Goodwin et al.［2001］）。路上の政治は定義づけできない感情を表出する「カーニバル」だが，感情の噴出がその後どう展開するかについて，研究者の意見は分かれる。Tamura［2018］第 2 章参照。

参 考 文 献

Barad, K.［2007］, *Meeting the universe halfway: Quantum physics and the entanglement of matter and meaning*, Durham and London: Duke University Press.

Beck, U.［1986］, *Risikogesellschaft. Auf dem Weg in eine andere Moderne*, Suhrkamp Verlag（東廉・伊藤美登里訳［1998］，『危険社会──新しい近代への道』法政大学出版局）.

Bennett, J.［2010］, *Vibrant matter: A political ecology of things*, Durham and London: Duke University Press.

Braidotti, R.［2013］, *The posthuman*, Cambridge: Polity Press.

Colebrook, C.［2010］, *Deleuze and the meaning of life*, London: Continuum.

Connolly, W. E.［2013］, *The fragility of things: Self-organizing processes, neoliberal fantasies, and democratic activism*, Durham and London: Duke University Press.

DeLanda, M.［2002］, *Intensive science and virtual philosophy*, London:

Continuum.

DeLanda, M. [2006], *A new philosophy of society: Assemblage theory and social complexity*, London: Continuum.

Deleuze, G. [1969], *Logique du sens*, Paris: Éditions de Minuit.

Deleuze, G. [1990], *Pourparles*, Paris: Éditions de Minuit（宮林寛訳 [2007]. 『記号と事件——1972-1990年の対話』河出書房新社）.

Deleuze, G. and F. Guattari [1980], *Mille plateaux: Capitalisme et Schizophrénie 2*, Paris: Éditions de Minuit.

Dupuy, J. P. [2002], *Pour un catastrophisme éclairé: quand l'impossible est certain*（桑田光平・本田貴久訳 [2012], 『ありえないことが現実になるとき——賢明な破局論にむけて』筑摩書房）.

Foucault, M. [1981], Conversation avec Werner Schroeter. In Courant, G. [1982], *Werner Shoroeter*, Paris: Goethe Institute. pp. 39-47（野崎歓訳 [2001], 「ヴェルナー・シュレーターとの対話」蓮實重彦・渡辺守章監修『ミシェル・フーコー思考集成 IX 自己・統治性・快楽』筑摩書房）.

Goodwin, J., J. M. Jasper and Polletta, F. (eds.) [2001], *Passionate politics: Emotions and social movements*, London: The University of Chicago Press.

Holloway, J. [2002], *Change the world without taking power*, London: Pluto Press（大窪一志・四茂野修訳 [2009], 『権力を取らずに世界を変える』同時代社）.

Holloway, J. [2010], *Crack capitalism*, London: Pluto Press（高祖岩三郎・篠原雅武訳 [2011], 『革命——資本主義に亀裂をいれる』河出書房新社）.

Jonas, H. [1979], *Das prinzip verantwortung: Versuch einer ethik fuer die technologische zivilisation*, Insel Verlag Frankfurt am Main（加藤尚武訳 [2000], 『責任という原理——科学技術文明のための倫理学の試み』東信堂）.

May, T. [2005], *Gilles Deleuze: An introduction*, Cambridge: Cambridge University Press.

Osterweil, M. and G. Chesters [2007], "Global uprisings: Towards a politics of the artisan," in: S. Shukaitis, and D. Graeber (eds.), *Constituent imagination: Militant investigations, collective theorization*, Edinburgh: AK Press.

Perrow, C. [2011], "Fukushima and the inevitability of accidents," *Bulletin of the Atomic Scientists*, 67(6), pp. 45-52.

Tamura, A. [2018], *Post-Fukushima Activism: Politics and Knowledge in the Age of Precarity*, New York: Routledge.

Weinberg, A. M. [1972], "Science and trans-science," *Minerva* 10, pp. 209-222.

Wolfe, C. [2010], *What is posthumanism?* Minneapolis: University of Minnesota Press.

東浩紀［2017］,『ゲンロン0　観光客の哲学』ゲンロン。

調麻佐志［2013］,「奪われる「リアリティ」　低線量被曝をめぐる科学／『科学』の使われ方」中村征樹編『ポスト3・11の科学と政治』ナカニシヤ出版。

タッサン，エティエンヌ，渡名喜庸哲訳［2015］,「フクシマは今──エコロジー的危機の政治哲学のための12の註記」村上勝三・東洋大学国際哲学研究センター編『ポストフクシマの哲学──原発のない世界のために』明石書店。

内藤酬［2010］,『全共闘運動の思想的総括』北樹出版。

［滋賀大学＝政治社会学，現代思想］

6 フィリピン市民社会勢力の地方政治権力獲得

東江日出郎

1 問題の所在とフィリピン地方政治権力研究の概観，および調査の方法

　本稿の目的は，1986年の民主化とその後に成立した地方分権化を規定した91年地方政府法のもとで誕生した，フィリピンにおける「民主的」地方政治権力の特質を明らかにすることである。具体的には，政治的支持構造の特徴や誕生の諸要因，過程，そのガバナンスの実態の明確化である。これには，フィリピンの民主主義深化と市民社会発展の現状の一側面を明らかにし，エリート中心の非民主的政治の改革で，貧困層や普通の人々の利害を政治に反映させる道のりを探るという意義がある。

　民主化や地方分権化は多くの途上国に広がっているが，それは問題も多い。途上国の地方には「地域有力者構造」があり，民主化や地方分権化による権限委譲で，それが強化される恐れがあるのだ。途上国の地方は，パトロン-クライアント（Patron-Client: P-C）関係の下でエリートが派閥を作り，票の買収や脅しなどで選挙に勝って国家資源の配分権を握り，その後は自分の一族や近親者，子分を不当に優遇するなどの恣意的権力行使で蓄財を行って，地域の貧困層や「普通の」住民の福利を省みないことが多い（Blair［2000］pp. 24-25; 木村［2011］; Penderis and Tapscott［2018］p. 92）。略奪的エリートの政治権力独占とそれによる開発における利益独占が，途

上国の地方の貧困層や普通の人々の生活改善につながる公正な社会・経済的発展を妨げているのである。それはフィリピンでも同じである。

　フィリピン地方政治研究では，P-C 関係に基づくエリートの非民主的かつ略奪的地方政治権力が研究されてきた[2]。近年は，エリートすら中間層以下の福利を考慮せざるをえなくなっていると指摘されるが[3]，それも票の買収などの非民主的性格は拭えない（東江［2017］第 1 章）。それは，買収などのために選挙で投資した資金の回収や不正蓄財のため，エリートが恣意的権力行使を行う誘因があることを意味する。

　だが，フィリピンでは変化もある。民主化後の新憲法は，地方分権化による自治促進で地方の経済，社会の発展を促して国民の福祉増進を企図している。またその中で，最貧困層の政治，経済的能力強化に関心を持つNGO や PO 等の市民社会の開発過程への参画を推奨する[4]。そこには，独立した人々の組織がその正当な集団的利益の平和的かつ合法的手段による追求を可能にすべきとの哲学がある。91年地方政府法はその具体的制度化で，その中では NGO や PO は一般民衆の利益表出組織と認知され，それらの地方ガバナンスへの参画の手段として，市町，州，地域（Region）レベルで地域開発評議会を設立し，その25％以上を NGO や PO 代表とする旨の規定を設けた。さらに同法は地方政府に，NGO や PO との共同事業実施や彼らへの財政援助等による地域福祉向上を行う権限を与えた。実際，93年半ばまでに 1 万6,834の NGO が地方自治体への参画を許された（東江［2017］81-82, 88-89, 93, 103-104頁）。この制度変化は，NGO や PO 等の台頭を促し，政治構造を，P-C 関係に基づく寡頭制民主主義とその改革を求める市民社会の下からの民主主義の混在状況に変化させた（Eaton［2003］; 五十嵐［2004］; Quimpo［2008］Chap 1; 東江［2017］第 2 章）。そして市民社会勢力は，その利害を代表する候補の擁立で，自らの社会・経済状況改善に取り組み始めた（東江［2017］123-128頁）。民主的地方政治権力誕生はその成果である。

　本稿の事例は，図 1 に示すルソン島南部の南カマリネス（Camarinez

図1 フィリピン全図と南カマリネス州内のサン・フェルナンド町の位置

フィリピン全図

南カマリネス州内のサン・
フェルナンド町の位置

（出典）フィリピン全図は，筆者の著書『フィリピンにおける民主的地方政治権力誕生のダイナミクス』より。南カマリネス州内のサン・フェルナンド町の位置の図は，ウィキペディアを加工（https://tl_wikipedia.org/wiki/San_Fernando,_Camarines_Sur）。

Sur）州サン・フェルナンド（San Fernando）町のサバス・マブロ（Sabas Mabulo）元町長である。調査は，彼や彼を支持するPO，NGO構成員等のキー・インフォーマントへの聞き取りを行い，その情報を，マブロの支持者でない地域住民も含む方々にクロス・チェックするかたちで行った。調査は，2011年4月と8月，2013年8月にそれぞれ2週間程度行った。

2　フィリピンにおける民主的地方政治権力の肖像

1　サン・フェルナンド町の概要

マブロが町長だった2000年ごろの町の人口は2万7,431人で，人口構造は，15歳から64歳の生産年齢人口が96年で62.8％，0歳から14歳の若年人口が31.64％，65歳以上の老齢人口が5.56％である。宗教ごとの人口構成

はキリスト教徒が95.9％，その他が4.1％である。また，都市部人口は5,946人だが，増加傾向で，停滞する町内の周辺部からの流入が見られる。人口増加率は95年から2000年に2.55％である。フィリピン全体の増加率は2％弱なので，相対的に高い人口増加を経験している。就業率は96年時点で58.66％，2000年に54.63％である。就学状況は，小学校6年までに中退する比率は64.01％である。だが，10歳以上の識字率は91.9％である。貧困レベル以下収入世帯は95年で48.84％，2000年で44.93％である。産業は第1次産業が中心で，町の総面積の82.57％が農地で，トウモロコシ，コンナッツ等を栽培している。小規模畜産業もあり，豚，水牛等が飼育されている。漁業では小規模伝統漁業を営む地区があり，養魚池での養殖もある。小規模製造業や流通業も若干ある。農地と農業生産性は減少傾向で，農業の機械化や非農業部門の成長の遅れが目立つ。失業削減や家計収入増加には，農産物加工業発展が必要と言われる。また，町の農地の約70％は農地改革が完了しており，大地主はいない。[5]

2　マブロのプロフィールと経歴

マブロは町内の農家に生まれた。父親は副町長まで務めたが富裕層ではなかった。また，彼自身の生活も「普通」レベルで，中間層である。[6]

彼は町内の公立小学校卒業後，近隣のナガ市のアテネオ・デ・ナガ高校，アテネオ・デ・ナガ大学に進学，卒業した。また就職後，Asian Social Institute で経済学修士を取っている。[7]大学卒業後は Caceres Social Action 基金のコミュニティオーガナイザーになり，1982年から91年まで勤めた。その中で役職も，統括，現場管理者と変化した。91年から96年まではPag-asang Bicolnon 基金の事務局長を務めた。政治への進出もこのころで，95年から98年6月まで，町議を務め，98年の町長選に立候補，当選した。その後2007年6月までの3期9年，町長を務めた。退任後は，左派系比例代表政党 AKBAYAN や全国的知名度のあった Josse Robredo から支持されて2007年下院議員選に立候補し，Arroyo 元大統領の息子の Diosdado

と戦ったが，惨敗した。Diosdado は大規模な票の買収をしたと言われる。落選後は再び NGO に戻り，2009年まで Christian Life Community Technology and Wellness Center 農園支配人を務め，その後はカトリック系 NGO の Kolping 協会フィリピン支部の事務局長に就任した[8]。

　町長時代，また退任後も彼は多くの賞を受賞した。主な受賞歴を見ると，まず，2002年に「最も優れた町長（Outstanding Municipal Mayor）」に選出され[9]，2003年と2004年には，「フエテンに対する人民の聖戦（Krusadang Bayan Laban sa Jueteng）」という団体から，「高潔な者への賛辞賞（Parangal para sa Marangal Award）」を贈られた[10]。また，様々な NGO や政治運動団体，ビジネス団体，大学理事会にも参加している。Christian Life Community（CLC）ビコール支部は1978年以来の会員で[11]，アテネオ・デ・ナガ大学では評議会委員を2001年から2010年まで務めた。政治変革運動では地域議長を務め，2009年から2年間中央ビコール国立農業大学理事も務めた。さらに，フィリピン環境基金地域諮問委員会委員を務め，町のビジネス・クラブ会長も務めた[12]。

　彼の実家や住居，経歴は，彼が中間層出身で中間層の生活をしていることを示している。また，受賞歴や不正に関する報道や住民の声がいっさいないことから考えると，町長就任後，誘惑はあったかもしれないが，他のエリートの伝統的政治家のような，国家資源へのアクセスでの不正蓄財はなかったのだろう。

3　マブロと国政レベルの政治家との関係

　フィリピン地方政治では，国会議員や州知事は市町長よりはるかに大きな権限と予算を持ち，市町開発を左右できるため，上位政治家との関係は重要である。サン・フェルナンド町は，南カマリネス州の一町で，下院議員選挙区第1区に属し，州知事と下院議員第1選挙区選出の下院議員との関係が重要になる。

　まず，表1の太線で囲んだ部分に示されるとおり，マブロはエリート層

表1　1988年から2010年までのサン・フェルナンド町の町長と下院議員第1区選出議員
　　　そして州知事の氏名

選挙年	サン・フェルナンド町の町長の氏名とその所属政党	南カマリネス州知事氏名とその所属政党	南カマリネス州下院議員第1選挙区選出議員氏名とその所属政党	サバス・マブロの地位
1988	エンシナス・ラガスカ・ユージェニオ Jr.（Eugenio Jr. Encinas Lagasca）（ヴィラフェルテ一族の同盟者）（LABAN <LDP>）	ルイス・ヴィラフェルテ（Luis R. Villafuerte）（自由民主党：LDP）	ローランド・アンダヤ Sr.（Rolando R. Andaya Sr.）（LABAN ng Bayan）	NGOワーカー
1992	エンシナス・ラガスカ・ユージェニオ Jr（LAKAS-NUCD）	ホセ・ブラオン（Jose M. Bulaong）（NP-NPC）	ローランド・アンダヤ Jr.（Rolando R. Andaya）（LAKAS-NUCD）	同上
1995	エンシナス・ラガスカ・ユージェニオ Jr（LAKAS-NUCD-UMDP）	ルイス・ヴィラフェルテ（Luis R. Villafuerte）（LABAN<LDP>）	ローランド・アンダヤ Jr.（LAKAS-NUCD-UMDP）	サン・フェルナンド町町議
1998	サバス・マブロ（Sabas M. Mabulo）（LAKAS-NUCD-UMDP）（アンダヤー族の同盟者）	ルイス・ヴィラフェルテ（LAMMP）	ローランド・Jr.G. アンダヤ（Rolando Jr. G. Andaya）（LAKAS-NUCD-UMDP）（ローランド・アンダヤ Jr. の息子）	サン・フェルナンド町町長
2001	サバス・マブロ（LAKAS-NUCD-UMDP）	ルイス・ヴィラフェルテ（LDP）	ローランド・Jr.G. アンダヤ（LAKAS-NUCD-UMDP）	同上
2004	サバス・マブロ（自由党：LP）	ルイス・ヴィラフェルテ Jr. ファヴィス（Luis R. Villafuerte Jr. Favis）（LAKAS-CMD）（ルイス・ヴィラフェルテの息子）	ローランド・Jr.G. アンダヤ（自由党：LP）	同上
2007	ムレダ・マブロ（Mulleda Fermin Mabulo）（LP/UNO）	ルイス・ヴィラフェルテ Jr. ファヴィス（LAKAS-CMD）	ディオスダッド・マカパガル・アロヨ（Diosdado Macapagal Arroyo）（LAKAS-KAMPI）（アロヨ大統領の息子，アンダヤ一族と同盟）	NGOワーカー
2010	エンシナス・ラガスカ・ユージェニオ Jr（　　　　　）	ルイス・ヴィラフェルテ Jr. ファヴィス（LAKAS-CMD）	ディオスダッド・マカパガル・アロヨ（LAKAS-KAMPI）	同上

（出典）調査に基づき、筆者作成。

中心の全国政党に属していた。彼は富裕層出身ではないが，全国政党に属さないと選挙で不利になるからだ。そしてその政党は，南カマリネス州下院議員第1選挙区選出の Rolando Andaya. Jr と同じ LAKAS-NUCD-UMDP だった。また，Andaya が自由党に移ると彼も移った。2人は同盟関係にあったのだ[13]。彼にとって，Andaya との同盟は不利でも不本意でもなかった。Andaya は当時，ほかの若手国会議員数人とともに「スパイス・ボーイズ」と呼ばれ，改革派若手下院議員として名を馳せており，中間層以下の者の利益を考えていると思われていたからだ (Coronel and others [2004] pp. 108-117)。逆に，南カマリネス州知事を長く独占してきた Villafuerte 一族とは対立関係にあり，それは町長選にも影響した。マブロが町長になるまえ，1988年から98年までの3期9年間町長を務めた Encinas Lagasca Eugenio Jr.は，マブロが町議を務めた95年から98年の時期には彼と対立関係になかったが，マブロが98年に町長選に出馬してから対立関係に入った。Eugenio は Villafuerte 一族の子分で，98年選挙でも彼らが支援する候補を応援した[14]。マブロが2期目の町長選に出馬した2001年には，Eugenio 自身が出馬し，マブロと対峙した。だが，結果はマブロが勝利し，3期連続当選した。上位政治家との同盟は町長選後も重要だった。マブロが当選したあと，Villafuerte が支配する州政府から町には開発予算は下りなかったが，下院議員の Andaya が開発資金を提供した。それでマブロは，町の主要産業の農業振興のため，農地の灌漑を行った[15]。だが，Andaya との同盟関係は2007年に解消された。マブロはこの年の下院選に出たが，Andaya はその後継に，不正が指摘され，国内で大問題となっていた Arroyo 元大統領の息子の Diosdado を指名したからである。この選挙で Diosdado は大規模な票の買収をしたと言われ，マブロは惨敗した[16]。

4　マブロの政治的支持構造と選挙過程，ガバナンス

　マブロの政治的支持構造は，図2のように，CLC ビコール支部が中核にあり，地域の PO や貧困層が主な支持者だった[17]。彼らは選挙の際にはマ

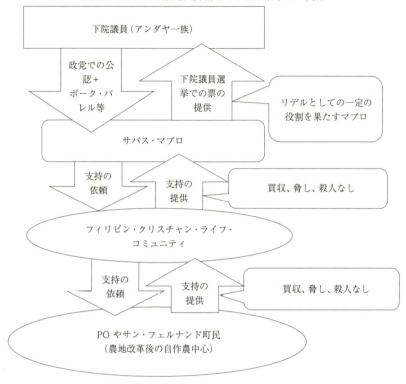

図2　マブロの政治的支持構造と上位政治家との関係

ブロの求めに応じ，彼とその同盟者の Andaya を支持するよう住民に呼びかけたと言う。[18] マブロが NGO や PO，貧困層から支持された理由は彼の経歴でわかる。地域の NGO などとのかかわりが深いのである。彼は，大学生のころの1978年には町内にある CLC ビコール支部会員になり，卒業後は，南カマリネス州にある Caceres Social Action 基金と Pag-asang Bicolnon 基金の職員として13年間勤めた。その中で，南カマリネス州や町の周辺部の貧困層等を組織化し，PO を作らせて彼らの生活向上の手助けをしてきたのである。そのため，地域の PO や貧困層を中心に人格や理念，政策を含めて知名度を上げ，長い時間をかけて信頼関係を築いたので

ある。また町長選出馬前には町議も1期務めた。そのため，彼は有望な町長候補と目された[19]。

　マブロの選挙運動を見ると，まず，彼は2台の車で町内を周り，自分の政策や理念を訴えた。その政策は，まず，町の主要産業の農業振興で，農地の灌漑を訴えた。またサン・フェルナンド町は，中心部では道路ネットワークが整っていたが，周辺部には行き渡っていなかった。そのため，周辺部の住民は町の中心部への通勤や買い物，また商品輸送などで負担がかかっていた。台風時には周辺部は陸の孤島になることもあった。そのため彼は道路網整備を訴えた。また，彼はCLCの会員で，キリスト教的理念を持っていた。もう一つ彼が行ったことは，彼の友人，知人，親戚らに自分とAndayaを宣伝してもらうと同時に，彼のNGOネットワークを動員することだった。彼は，下院選ではAndayaを，町長選では彼を支持するよう，CLCビコール支部会に呼びかけ，宣伝してもらった。また，彼がNGO職員時代に培った町内の小規模木工業者や周辺部の住民とのネットワークにも同様に，彼とAndayaへの投票を呼びかけてもらった。これが彼の運動のすべてである。つまり，彼のNGOネットワークが伝統的政治家のP-C関係派閥の代わりになり，票の買収などはなかったのである。Andayaとの同盟関係はあったが，彼から金銭その他を受け取ることもなかった。また，中間層の彼には票の買収資金もなかった。彼の政治的基盤は3期9年の在任中まったく変わらず，2期目以降も彼を支持した[20]。

　また，2期目以降には，その支持基盤にもう一つ武器が加わった。彼の有能さが町長としての実績で証明されたのである。1期目に彼は，彼が約束した農地の灌漑施設整備で債務も残っていて財政が豊かでなかったにもかかわらず，町の周辺部に52km以上の道路網整備に成功した。それができたのは，彼が道路網の受益者となる町の周辺部の住民を道路建設に動員できたからだった。町は道路作りに必要なコンクリートなどの提供は行うが，実際の作業を担ったのは住民だった。これにより，低コストで道路網整備ができた。また，作られた道路は1車線のみだった。2車線分の費用

6　フィリピン市民社会勢力の地方政治権力獲得　　109

が捻出できないため，彼は1車線のみを作り，ところどころに対向車とすれ違えるよう，一時停車場を設けたのである。この計画に受益者となる町の周辺部の住民は喜んで協力した。地域住民の協力の背景には，マブロがNGO職員時代に住民との信頼の絆を築いていたことがあった。[21]彼は2期目にも水道網を町の中心部に敷いたが，やり方は同じで，住民の労働力供出で事業は実施された。一つ違うことは，道路網は周辺部の人々が受益者だったが，水道施設の場合，受益者は町の中心部の住民だったことである。自分たちが受益者でないにもかかわらず，町の周辺部の住民は工事で労働力を提供したのである。ある程度の日当はあったが，マブロへの信頼が大きかったと言えよう。この事業の実施で，1期目には町の周辺部の住民の利益を，また，2期目には町の中心部の住民の利益を実現したのである。これでマブロの人気は不動になり，3期連続で町長職を全うできた。[22]

5　マブロの3期連続当選の要因

　マブロは富裕層の伝統的政治家一族出身でも経済エリートでもないし，彼らの子分でもなかった。フィリピン地方政治の常識では，彼の当選は不可能なはずである。だが，彼は実際に3期連続当選を果たした。それが可能だった理由は，少なくとも五つある。

　まず，NGO職員としての経験である。彼は，NGOで働くことで，貧困層をはじめとする地域住民のニーズを知り，それを満たすために貧困層を組織化し，彼ら自身で問題を解決できるよう導くだけでなく，彼らのニーズを満たす事業も行ってきた。また，その中で地域住民との信頼の絆を培ってきたのである。それが選挙で生きたと考えられる。

　次に，最大の要因として，町内にあるCLCビコール支部という信徒団体を政治的支持基盤として支持を広げたことである。そして彼を支えた信徒団体を仕切るのは彼の夫人だった。マブロ夫妻は両者ともにアテネオ・デ・ナガ大学卒業後NGOに就職し，その活動に従事してきた。そのような背景を持つ2人は，そのNGOネットワークを利用したのである。

三つ目の要因は，彼が，伝統的な国政レベルの政治家に反発するだけの運動家タイプの政治家でなかったことである。彼は，サン・フェルナンド町が含まれる南カマリネス州下院第1選挙区から出馬した Andaya を支持し，同一政党に属した。また，Andaya の政党移籍にともない，同様に移籍している。これは，彼の現実主義がそうさせたものだった。それは当選後も生きており，マスコミへの対応もうまくやり，マスコミを味方につけて彼の評判を上げることにも腐心したと言う[23]。町の発展と当選のためには，良い政治家であれば，富裕層の伝統的政治家一族との一定の協力も必要と考えたのである。

　四つ目の要因は，彼の有能さである。受益者の労働力供出で町の道路ネットワークを周辺部まで伸ばし，水道施設を町の中心部に敷く彼の実行力や戦略は彼の有能さを示している。

　最後に，サン・フェルナンド町の特殊な条件がある。同町はその領域の80％以上が農地で，就業機会も農業，漁業関連が多く，P-C関係派閥の存在が考えられる地域である。だが，それは弱かった。かつて共産主義的農民運動が強く，大地主が町外に転出しただけでなく，農地改革がほかの地域より進み，小規模な自作農が多くなり，住民が比較的自由に投票できたのである[24]。この状況は，マブロの当選に大きな後押しとなった。

　マブロの3期連続当選は，フィリピン政治研究の常識とはかけ離れており，政策や理念で選挙を戦う民主的地方政治権力の事例だとわかる。町に大地主が比較的少なく，小規模な自作農が多い条件はほかの地域と異なるが，NGOやPOなどはフィリピン全土にあり，ほかの地域でも同じような現象が起こる可能性は十分ある。

3　結論

　ほかの途上国同様，フィリピンでも地方はP-C関係による有力者支配が一般的で，既存研究はそれを批判してきた。だが，マブロの事例はそれ

とは異なり，民主的地方政治権力と言えるものだった。彼の政治的基盤と支持の取り付け方の特徴は，まず，NGO 活動の経験で住民と信頼の絆を結び，次に，彼の関わる NGO や PO を支持獲得基盤として動員して，有権者に政策や理念を説明することだった。そこに票の買収などはなかった。また，町長就任後のガバナンスでは，住民のニーズを把握し，その生活改善に資する開発を行っていた。さらに，不正蓄財もなかった。それは，P-C 関係とは対照的である。だが，その支持基盤の組織化は不十分で派閥の域は出ない[25]。その組織化が課題である。この状況は，政治改革で貧困層や普通の人々の生活改善を考える現在のフィリピン市民社会の一つの特徴で，その民主主義深化と市民社会発展の現段階でもある。

　だが，エリートの略奪的政治権力が常態であることを考えると，市民社会勢力の派閥に基づくマブロの 9 年間の民主的地方政治権力形成は大きな 1 歩で，フィリピンの民主主義深化と市民社会発展が国民全体の福利増進に積極的意味を持つことを示している。

　またこの事例は，民主化と地方分権化が行われた，同様の問題を抱えるほかの途上国にも，民主主義の深化と市民社会の発展による地方の政治改革とそれによる不良開発回避の可能性をも示している。

注

1　派閥とは，政策や理念で堅固に組織化された政党の地方支部のように，内部での対立が即分裂を意味しないような一体性がなく，内部での地位争いなどの競合が即分裂を意味する脆弱な結びつきを示すもの。P-C 関係派閥は理念や政策がなく，上位者と下位者の垂直的互酬関係や金銭その他の短期的な物質的報酬が紐帯である（東江［2017］225頁）。

2　近年の研究者に Patricio N. Abinales や John T. Sidel がいる（東江［2017］第 1 章）。

3　川中豪，佐久間美穂，日下渉がいる（東江［2017］第 1 章）。

4　NGO とは，公共の福祉に関心を持ち，法人格を持つ非営利で私的専門家の組織。PO とは，地域に根差した非営利の会員制組織で，会員の集団的福祉のために組織化，動員されるもの（東江［2017］89-91頁）。

5 町の概要は，町の Office of City Planning and Development Coordinator から入手した資料とマブロへの聞き取りより。

6 フィリピンでは家屋で社会階層判断をする。それによると，マブロは中間層である。彼の実家と彼が建てた家は隣接する家屋と比べて大きくなく，古びていた。フィリピンの伝統的政治家の家によくある高い塀もなかった。フィリピンの中間層イメージは（Bautista［1999］）参照。

7 http://www.asinet-online.org/ 参照。

8 マブロへの聞き取りと彼の履歴書より。

9 この賞は，Aquilino Pimentel 上院議員，国立フィリピン大学などの諸大学，Philippine Development Academy，内務地方政府省等が中心となり，Local Government Development Academy が事務局を務める組織が，優れた指導力や実績を上げた州知事，市町長に贈る賞。http://pcij.org/blog/wp-docs/LGLA_Awardees. pdf#search=' sabas+mabulo+one+of+the+most+outstanding+mayor' 参照。

10 フエテンとは，フィリピンで人気の賭博で，貧困層を含めて多くの人がやっている。2016年9月21日に，フィリピン内務地方政府省の職員で Philippine Local Government Development Academy 副校長にフィリピン地方ガバナンスについて尋ねたところ，住民の多くがこれやっており，そこで1日に流通する金は，自治体の市場の1日の流通量より多い場合もあり，自治体税収に影響する，と言う。

11 CLC はカトリックの信徒団体で，日本やフィリピン国内他地域にも支部がある。

12 マブロへの聞き取りと彼の履歴書より。

13 マブロによると，国会議員が属す全国政党に所属することで公認が得られ，一定の信頼が得られる。また，国会議員との同盟関係があれば，後に町長になった際，国会議員が配分権限を持つ地方開発資金（ポーク・バレル）も配分してもらえる。

14 フィリピンでは連続在任期間は3期9年で，Eugenio は98年に立候補できなかった。それで，Villafuerte 一族が支援する者を応援した。

15 以上の内容は2011年4月24日から5月10日まで，また，2011年8月10日から27日までの聞き取りより。

16 改革派のエリート政治家と目された Andaya だったが，彼が Diosdado を支持したことは，改革派のエリート政治家でも，状況次第でその政策や理念をかなぐり捨てることがあることを示している。

17 私の CLC ビコール支部調査の際には，町の住民への無料健康診断をし

ていた。ビコール支部はほかにも，子育てに関する情報交換を夫人同士で行うなどをしていた。さらに，支部に参加する方々は，町の周辺部からも来ており，そこでPOを組織して生活向上を図るため，情報共有，活動拡大の話し合いをしていた。フィリピンには富裕層のエリート政治家が自己利益のために設立する見せかけのNGOもあるが（東江［2017］89-91頁），このNGOには実態があった。

18 CLCビコール支部や地域のPO会員，その他の支持者への聞き取りより。

19 マブロの支持者のPO会員からの聞き取りより。マブロの自宅には多くのPO会員の貧困層らが，彼らの活動の相談に訪れていた。彼・彼女らがマブロを支持した理由を尋ねると，彼がNGO職員時代に住民のために様々な生計を立てるための知識や技術，衛生面の知識などを教えてくれたことに感謝していたと同時に彼を信頼していたから，と言う。また，このことは町職員，アテネオ・デ・ナガ大学職員，マブロと直接関係のない地元住民にも聞き取りをして確認した。

20 マブロの政治的支持基盤については，彼への聞き取りの後，CLCビコール支部，その他のNGOやPOの構成員に確認した。また，選挙での買収の有無についても，マブロと何の付き合いもない一般住民への聞き取りで確認した。

21 労働供出をした町の周辺部の住民に聞き取りをした際，工事に参加した住民はその時のことを楽しそうに語り，町の中心部への通勤，役場への用事，市場への買い物，また市場までの商品の輸送が非常に楽になったと述べた。そして，マブロにもう1度町長になって欲しいと述べた。

22 町の中心部の住民にも聞き取りをしたが，水道施設ができたことで生活は快適になったと言う。また，マブロに関しては，最初はそれほど支持していなかったが，この事業実施で支持するようになったと言う。

23 マブロへの聞き取りより。

24 マブロによると，Diosdadoが南カマリネス州下院議員第1選挙区から立候補したときに大規模な票の買収をするまでは，票の買収は比較的なかったと言う。

25 マブロの派閥は，彼への信頼やその理念，政策への同意に基づいて形成されていた。

参 考 文 献
〈日本語〉
東江日出郎［2017］『フィリピンにおける民主的地方政治権力誕生のダイナ

ミクス』耕文社。

五十嵐誠一［2004］『フィリピンの民主化と市民社会——移行・定着・発展の政治力学』成文堂。

木村宏恒［2011］「第9章 ローカルガバナンスの理想と現実」木村宏恒他編『開発政治学入門——途上国開発戦略におけるガバナンス』勁草書房。

〈英語〉

Bautista, Maria Cynthia Rose Banzon, December 1999. "Images of the Middle Class in Metro Manila", *Public Policy,* No. 4: 1-37.

Blair, Harry. 2000. "Participation and Accountability at the Periphery: Democratic Local Governance in Six Countries". *World Development,* Elsevier, vol. 28(1), 3)

Coronel, Sheila S., and Chua, Yvonne T., Luz Rimban, and Booma B. Cruz. 2004. *The Rule Makers---How the Wealthy and Well-Born Dominate Congress,* Philippine Center for Investigative Journalism.

Eaton, Kent, 2003. "Restoration or Transformation?, —Trapos Versus NGOs in the Democratization of the Philippines—," *The Journal of Asian Studies* 62(2),

Penderis, Sharon and Tapscott, Chris, 2018. "The Establishment of a Democratic Developmental Local State in South Africa: Between Rhetoric and Reality". Chris Tapscott, Tor Halvorsen, Teresita Cruz-Del Rosario eds. *The Democratic Developmental State: North-South Perspectives.* ibidem / ibidem Press.

Quimpo, Nathan G.. 2008. *Contested Democracy and the Left in the Philippines After Marcos.* Quezon City: Ateneo de Manila University Press.

［中部大学非常勤講師＝国際開発学］

7 移行期における立憲主義と正義

南アフリカとネパールの TRC 法に対する立憲的正統性
の評価の比較

小 阪 真 也

は じ め に

1996年から始まった内戦を経て，ネパールでは2006年に政府と共産党毛沢東主義派との間で包括的和平合意が結ばれた。南アフリカの真実和解委員会（TRC：Truth and Reconciliation Commission）を参考に，ネパールは内戦中の人権侵害へ対処する移行期の正義の政策として2015年 2 月10日に TRC と強制失踪者調査委員会（CIEDP：Commission of Investigation on Enforced Disappeared Persons）の二つの機関を設立した[1]。これらは刑事訴追ではなく過去の人権侵害に関する真実発見と和解を追求する機関として設立された。

しかしネパールでの移行期の正義の政策は人権侵害の加害者の不処罰を助長するとして国内外で批判されるようになった[2]。ネパールが参考にした南アフリカでは，1996年 7 月25日に人権侵害の加害者の特赦を認定する TRC の権限を定めた「国民統一和解促進法」（以下，「南アフリカ TRC 法」と記す）が憲法裁判所の判決で合憲とされている。しかしネパールでは2014年 1 月 2 日および TRC 設立後間もない2015年 2 月26日に加害者の特赦を認定する TRC の権限を定めた「行方不明者の調査および真実和解委員会に関する法律」（以下，「ネパール TRC 法」と記す）が最高裁判所で違憲とされる対照的な判決が出された。2016年 8 月に現首相が移行期の正義

の取り組みの改革を行う意向を示した後，2018年2月には両機関の活動期間の延長が決まり，同年4月には法務長官がネパールTRC法を含む移行期の正義関連法制の改正計画について公言した。[3]

過去の人権侵害の加害者に対する刑事裁判を中心的なメカニズムとして採用せず，真実委員会に類する機関を設立することは各国の移行期の正義の取り組みとして散見される。特に1995年に設立された南アフリカのTRCは国際的に評価され，その後の各国に真実委員会の設立を広める役割を担ったと言われる（Graybill［2002］）。

しかし必ずしも南アフリカをモデルとした真実委員会について積極的な評価がされているわけではない。例えば各国で異なる個別の「移行期」に，同様の形態の真実委員会の設置あるいは運用が適合しないとする主張も見られる（Wachira and Kamungi［2010］）。また2005年2月に国連人権委員会に提出された「不処罰との闘いを通じた人権の保護と促進のための新たな原理」など，重大な人権侵害に対する特赦を認めない動きが広まりつつある点は，真実と引き換えに特赦を認定し和解を促進する機能を備えたタイプの真実委員会にとっては逆風となっている状況と言える。[4]

もっとも，多様な移行期の正義の政策を統制する国際的な規範は発展途上であり，単に国際法の規定のみを根拠に正統性の評価を行うことが困難な状況にある。政治的安定のために人権侵害の加害者に対する特赦を認めるのか，正義を追求するのかという「平和対正義」の図式は移行期の正義をめぐる根本的な議論形態の一つであるが，例えば「平和」のために刑事訴追を主たる政策として採用せず特赦が実施された場合に，それを各国で統制する規範の所在や規範の適用の有無を導く要因は依然として不確かである。

そこで本稿は，特赦条項を含むTRC法に対する南アフリカとネパール両国の司法機関の評価の比較を通じて，なぜ南アフリカの経験を参考に制定されたネパールTRC法の立憲的正統性が否定される判決が出されるに至ったのかを分析し，移行期の正義の政策を統制する立憲的規範の異なる

評価を導いた要因について論考する。

本稿は「移行期の立憲主義」に関する先行研究の議論をもとに，「移行期」において立憲的正統性の評価根拠とされる国内・国際規範を踏まえた分析を行う。国内においては，新体制下で尊重される理念を示した和平合意や暫定憲法が移行期の正義に関する政策を統制する立憲的価値規範を形成する。本稿は両国における TRC を中心とした政策について，どのように和平合意や暫定憲法で示された立憲的価値を実現する正統性ある手段として，社会で認識されていると司法機関が解釈しているのかを分析する。

国際社会においては，移行期の正義に関する規範は発展途上であるものの，本稿が焦点を当てる特赦を要素として含む移行期の正義に関する国際規範としては，拷問等禁止条約やジュネーヴ諸条約第 1 追加議定書などの人権侵害への訴追義務に関する規定を持った既存の国際人権法や人道法の原則が，規範としての役割を果たすものとして議論されている（Bell [2008] pp. 243-246)。国際規範が発展途上であることから，他国の判例や既存の国際法の規範としての適用の態様は規範を解釈する国内司法機関側の「移行期」社会における立場や役割に強く影響を受けると本稿は考え，両国の国内司法機関の立場や役割の違いが解釈・適用に与えた影響を踏まえた分析を行う。

1 「移行期」における立憲的正統性の所在

「立憲的正統性」とは，ある事物が国家における立憲的価値規範に適合した正しさを有することだと定義できる。法の支配の伝統が十分に確立された国家においては，ここで述べる立憲的価値規範を法として具体化した憲法に求めることが可能であろう。もっとも，立憲主義の文化が非成文のルールを重視する英米法系の国々で発展したことを踏まえれば，立憲主義とは単に成文法に記述されているルールに従った行為を求めるというよりは，法を作り出す国家すらも縛る立憲的な価値規範を自然法的なルールと

して信奉し遵守する態度だと言える（篠田［2012］26頁）。

　特に本稿が議論の対象とする「移行期」という文脈で政策の立憲的正統性について考察する場合，既存の成文憲法の内容を単純に照合して政策の正統性の評価を行うことは難しい。なぜなら「移行期」にある国家においては，前体制下で制定された憲法を正統性の源泉とみなすことが困難になるうえ，適用される規範自体が転換しているという「移行期の立憲主義」特有の問題が生じるからである。

　いち早く「移行期の立憲主義」の問題に関する議論を展開したのが，移行期の正義の分野的発展に寄与した研究者であるルチ・G.タイタル（Ruti G. Teitel）であった。タイタルは「移行期」という文脈が前体制よりも自由主義的な体制への「規範的な転換（normative shift）」を伴うと述べ，旧体制下の法の継続と旧体制下の法とは非連続的な新体制下で作られる法への転換というジレンマが存在することを指摘した（Teitel［2000］pp. 12-18）。タイタルは，法の支配の伝統が確立された国々で適用される法の支配の基礎的な原理を「移行期」でそのまま適用することは困難だと述べ，「移行期の法の支配」を基礎とする「移行期の立憲主義」が機能していることを強調した（Teitel［2000］p. 215）。例えばすでに法の支配の伝統が確立された国々と比較して過去の人権侵害への不十分な裁きが「移行期」に行われる理由は，規範が新体制下で適用されるべき内容に移行している過程にあり，新政権の政治的価値観が強く反映されるためだと説明された。

　個人の恣意的な権力行使を否定し，国家でさえも逸脱不可能な根本規範に服することを統治原理として求める態度が「立憲主義」の本質だとすれば，規範として拠って立つものが不明瞭な「移行期」においてなお規範として作用し得るものが何なのかが，「移行期の立憲主義」を論じるうえで問題となる。新政権の政治的価値観のみが実態として「法」とされるのであれば，立憲主義が企図している規範の遵守を国家に求めることが「移行期」においては困難になり，移行期の正義を含む新政権の政策を規範に基づいて統制することができなくなる。

タイタルは以下の3点が「移行期」における法の「移行的な」性質を緩和し規範として機能させると論じた。第一に法の社会的構成（social construction）である。法の社会的構成とは「移行期」社会で認識される合法性を指す。タイタルは，体制移行期のドイツやハンガリーの判例を基に「移行期」社会で認識される合法性が司法機関の解釈によって示され，それが法として作用し得ることを指摘している（Teitel［2000］p. 19）。第二に国際法である。タイタルはハンガリーの憲法裁判所が1956年の国内騒乱で犯された罪を「人道に対する罪」などの国際法上認められた犯罪として訴追した例を挙げ，国内的には非連続的な新たな法への転換を要する「移行期」においても国際法に依拠して連続性を保つことができると述べた（Teitel［2000］p. 20）。第三に法の支配が有する政治を統制する作用である。例えばチェコの憲法裁判所が前体制下では訴追されなかった罪に対する時効を伸ばす措置を，前体制下での政治的な理由による不起訴があったことを理由として合憲としたことを挙げ，「移行期」でも法が政治的権力の行使を統制する働きを持つことが指摘されている（Teitel［2000］p. 21）。

　タイタルの議論を踏まえると，「移行期」においても立憲的規範として作用し得る「法」は国内・国際規範の両者に見出されると考えられる。タイタルと同様に移行期の正義と立憲主義の関係について論じたホアン・E・メンデス（Juan E. Mendez）は，移行期に機能する立憲的規範には国内機関の活動指針や政治的交渉の結果形成された暫定憲法などが含まれることや，国内規範が移行期の正義について規定をしていなかったとしても国際規範が国家に過去の人権侵害へ対処する義務を規定していることを指摘する（Mendez［2012］p. 1273）。

　以上の論考から，本稿は南アフリカとネパールの代表的な判例を基に司法機関による国内・国際規範の解釈・適用の態様を比較し，TRC法の立憲的正統性の評価が分かれた要因について考察する。国内規範については，タイタルが挙げた「移行期」社会における合法性の社会的構成の過程に着目する。「移行期」においては，新体制下で尊重される理念を示す和平合

意や暫定憲法制定によって提示される立憲的価値の実現手段として政策が認識され得るかどうかが立憲的正統性の評価を左右する働きを持つと考えられる。本稿は両国における TRC を中心とした政策について，暫定憲法に示された立憲的価値を実現する正統性のある手段として司法機関が評価しているのかを分析する。

　もう一方の国際規範については，移行期の正義の政策の立憲的正統性を規定する原理として，国際規範をどのように両国の司法機関が解釈・適用しているのかを分析する。移行期の正義に関する国際規範は発展途上にあるため，他国の判例や既存の国際法の規範としての適用の態様は規範を解釈する国内司法機関側の「移行期」社会における立場や役割に影響を受けると考えられる。そこで本稿は，どのように両国の国内司法機関が既存の国際規範を論拠として挙げているのか，国内司法機関の立場や役割の違いが解釈・適用に与えた影響を踏まえた分析を行う。

2　南アフリカとネパールにおける TRC 法に対する司法機関の評価の概要

1　南アフリカ TRC 法に対する司法機関の評価の概要

　南アフリカでは1996年 7 月27日の「アザニア人民機構（AZAPO）他対南アフリカ大統領事件」（以下，「AZAPO 事件」と記す）判決において，同国の TRC の機能や権限を定めた南アフリカ TRC 法の合憲性が憲法裁判所によって認められている[5]。

　AZAPO 事件では政治団体である AZAPO が主要な原告となり，アパルトヘイト後の暫定憲法に基づき制定された南アフリカ TRC 法第20条 7 項の合憲性について争われた。南アフリカ TRC 法は，アパルトヘイト後の1991年12月から開催された民主南アフリカ会議や1993年 4 月の多党交渉フォーラムなどの政権運営を巡る交渉を経て，1994年 4 月に制定された南アフリカ暫定憲法を基に1995年 7 月に制定された。主要な争点とされた同

122

法第20条7項は，同法16条以下に規定された TRC 内の特赦委員会の権限に基づき特赦の根拠となる行為の民事的・刑事的な責任を否定すると規定していた。

　原告側は以下の2点を主な理由として南アフリカ TRC 法の違憲性を主張した。第一に暫定憲法第22条の「全ての国民は裁判法あるいはより適切である場合に他の独立性や不偏不党性を有するフォーラムにより司法判断に適合する争訟の裁決を求める権利を有する」という規定を挙げ，特赦委員会はこれらの機関に該当せず「『司法判断に適合する争訟』を処理する権限を持たない」と主張した[6]。第二に原告は1949年のジュネーヴ条約第49条などの国際法を挙げ，深刻な違反を行う加害者への刑事処罰を行う国際法上の義務を南アフリカは有すると述べた[7]。

　これらの原告の訴えに対し，南アフリカ憲法裁判所は以下の論旨で南アフリカ TRC 法の合憲性を認めた。第一に南アフリカ暫定憲法前文やエピローグに示された民主国家への体制移行と和解促進の理念に基づいて，南アフリカ TRC 法の制定および特赦委員会が設立されているという論旨である。裁判所は特定の条件下で加害者の特赦を認める TRC の権限について「公表されるであろう事実は新たな立憲的秩序の精神の基礎を形成する」と述べ，TRC が特赦を認定する権限を有し，特赦という手法も暫定憲法で示された理念と乖離していないことを示した[8]。

　第二に南アフリカ TRC における特赦は，国際的な規範から見ても逸脱していないという論旨である。南アフリカの TRC で認められている特赦は全面的な特赦ではなく，同国の民主的な移行という目的に沿って政治的目的で行われた行為に関して特赦委員会への完全な事実の開示を行った者のみに認めていることから，原告が挙げた国際規範に反することはないと裁判所は述べた[9]。

2　ネパール TRC 法に対する司法機関の評価の概要

　以上の南アフリカ TRC 法と同様に，特赦条項を有していながらもネパ

7　移行期における立憲主義と正義　123

ール TRC 法は最高裁判所により違憲とされている。代表的な判例として
は2014年の「バスネット他対ネパール政府他事件」(以下,「バスネット事
件」と記す)判決と,2015年の「アディカリ他対ネパール政府他事件」(以
下,「アディカリ事件」と記す)判決が挙げられる[10]。

　バスネット事件では,現地市民社会団体が中心となり過去の人権侵害加
害者の特赦の認定権限を TRC に与えている2013年に制定されたネパール
TRC 法第23条を違憲として訴えた。原告は同法23条が「委員会が適当だ
と認めた場合,政府に適切な理由と根拠を述べ加害者の特赦を認める」と
いう広範な権限を曖昧な規定で認めており,「漠然性故に無効の法理」に
基づき違憲だと主張した[11]。加えて原告は,特赦に関する条項自体がネパー
ルが締結している拷問等禁止条約などの人権条約の規定および国際条約の
履行について定めた暫定憲法第33条(e)に反すると主張した[12]。

　主要な争点となった特赦条項について,裁判所は包括的和平合意と暫定
憲法に示された価値規範,国際人道・人権法における基本原則,そして移
行期の正義における被害者の権利を考慮する必要があると述べた[13]。そのう
えで裁判所は,①ネパールが主要な国際人権・人道条約の加盟国であるう
え,2001年のバリオス・アルトス対ペルーの判決などで加害者の特赦を認
める法律が違憲とされていること,②2013年の TRC 法23条 2 項で「適切
な理由や根拠がなくレイプを含む重大犯罪を行った加害者」に対し委員会
は特赦付与の提言を行わないと規定しているが,何が「重大犯罪」なのか
定義が不明確であること,③加害者の特赦に際して被害者の同意を得るこ
とを同法が義務付けていないこと,などを指摘し,同条項が暫定憲法に反
して違憲であることを認めた。

　翌年のアディカリ事件では,紛争中に起きた人権侵害の被害者集団が原
告となり,2014年に改正されたネパール TRC 法が依然として不明瞭な条
項を多く含み被害者とその家族の権利を規定していないことを理由に同法
を違憲であると主張した。特赦は2014年の最高裁判決後に改正されたネパー
ル TRC 法第26条に規定されていた。第26条は「十分な理由と根拠を見

出さないかぎり」重大な人権侵害の加害者の特赦の提案は行わないと規定していたが，何が「十分な理由と根拠」にあたるのかは TRC の裁量に服する事項となっていた。

裁判所は本事件判決において，暫定憲法が前文で司法の独立と法の支配の理念の尊重を規定し，暫定憲法第100条が「司法に関する権限は裁判所あるいは他の司法機関に行使されること」と規定していると述べ，「何が犯罪かを決める権限は TRC のような準司法機関にはない」と述べた[14]。第26条については「もし TRC が望めば重大な人権侵害の加害者への特赦を提案できる」と述べ，ネパールが締結している国際人権・人道条約および同国の暫定憲法に反すると結論づけた[15]。

3 南アフリカとネパールの TRC 法に関する 国内規範に基づく評価の相違

以上のとおり南アフリカでは，特赦条項を有した TRC 法は合憲とされネパールでは違憲とされた。上述した判決における暫定憲法をはじめとする国内規範に基づく評価の相違は，被害者の TRC を中心とした「和解」プロセスへの関与の程度の違いが要因となりもたらされたと考えられる。

南アフリカの場合，AZAPO 事件判決で強調されたように，暫定憲法の前文やエピローグに規定されている「国家的連帯と和解」の理念は同国の「移行期」の目標として憲法内で特別な地位を占めており，TRC は単に過去の人権侵害に対処する政策ではなく同国の「移行期」における立憲的価値を追求する手段であった（Lollini［2011］pp. 93-132）。

南アフリカでは，TRC に関する政策形成過程で旧体制下で反体制運動を行っていた者や差別対象とされた被害者が，公開の聴聞会を経て TRC の委員として任命され，暫定憲法が規定した「和解」という立憲的価値は公明性を獲得していた（阿部［2007］49-51頁）。被害者の TRC における「和解」への関与は，AZAPO 事件判決でも合憲性の根拠として強調され

ており，南アフリカ TRC 法20条(1)(c)に「もし加害者が開示を行わず被害者やその家族が真実を発見することができなければ特赦の申請はできない」という被害者の関与の下で特赦を「和解」推進の手段として機能させるための制度的保証が存在することが指摘された[16]。

　一方でネパールにおいては，暫定憲法前文で人権や法の支配などの民主的な価値を標榜する国家への移行は立憲的価値として示されているが，「和解」は南アフリカのように明示的に特別な位置付けがされていたわけではない（Sajjad［2016］p.36）。バスネット事件およびアディカリ事件両判決でも，南アフリカの AZAPO 事件判決で強調された「和解」という「移行期」の目標を達成する手段として，TRC による特赦の認定権限を正当化する論述は展開されなかった。

　またネパールでは，TRC 設立までの政治過程における被害者の関与や，TRC の「和解」プロセスへの被害者の関与への制度的保証が欠落していた。包括的和平合意への協議では被害者団体の役割は限定的なものであり，TRC 設立の決定はトップダウンの経路で行われた（Farasat and Hayner［2009］pp. 17-18）。2015年に設立された TRC の委員にも被害者は選ばれていない[17]。TRC 法における「和解」への被害者の関与も限定的であり，2014年に改正されたネパール TRC 法第22条の「加害者もしくは被害者の一方が委員会に申し立てれば両者の和解の手続きを行う」という規定について，アディカリ事件判決では「和解」の一方的な押し付けになるとして違憲性の根拠とされた[18]。被害者の排除は，TRC を中心とした政策と正義の追求への社会的認識の間の溝を生み出しており，それを助長する内容を持った TRC 法は暫定憲法や和平合意に規定された立憲的価値の実現ではなく，不処罰を導くものとしてその正統性が否定されることになったと考えられる[19]。

4 南アフリカとネパールの TRC 法に関する国際規範に基づく評価の相違

上述した判例における TRC 法の評価にあたり，南アフリカとネパールの司法機関は共に国際人権・人道法上の規範に言及している。しかし南アフリカの判例では，国際規範の存在が積極的に論拠として用いられていないが，ネパールの判例では TRC 法の立憲的正統性を否定するために用いられている点に違いがある。

南アフリカの AZAPO 事件判決では，憲法裁判所はアルゼンチンなどの各国の事例や人権侵害に対する特赦法が各国で制定されている事実に触れつつも，権威的な体制から民主的な体制へ移行する国々の間で統一的な実行は存在しないと述べた[20]。

それに対しネパールの判例では，「移行期の正義の原理」と国際規範の関連性が強調され TRC 法に対する否定的な判旨が展開された。2014年のバスネット事件判決は，1988年の米州人権裁判所のベラスケス・ロドリゲス事件判決や2001年のバリオス・アルトス事件判決で特赦法が国際法違反とされたことを挙げ，さらに移行期の正義の目的にも言及した[21]。その上で2013年のネパール TRC 法第23条の被害者の同意を要件とせず特赦を認定する TRC の権限について，憲法上の基本的人権に反するだけではなく「国際人道法および移行期の正義の規範および原理に反する」と述べた[22]。2015年のアディカリ事件判決においても，暫定憲法や包括的和平合意だけではなく国際人権・人道法や他国の判例などを根拠としていることが示された[23]。

上述した南アフリカの判決が出された1996年当時とネパールの判決が出された時期では，「移行期の正義」への国際的な認知度の差は確かに存在する。例えば南アフリカの AZAPO 事件判決において，「移行期の正義」という用語は用いられていない。他方で国際的に移行期の正義の政策を統

7 移行期における立憲主義と正義　127

制する規範は当時から現代まで明確な形で存在しているわけではなく，両国の司法機関は共に判決時に存在した他国の関連する取り組みや国際法の規範としての適用可能性を検討している点には変わりがない。

　しかし，ベラスケス・ロドリゲス事件判決など南アフリカの判例でも違憲性の論拠として主張できたはずの事実はTRC法の違憲性を認定する論拠としては用いられておらず，一方のネパールの判例では他国の判例や国際法の規定にTRC法が反することが強調された。これには両国の司法機関の立場およびTRCの特赦認定に果たす役割が影響を与えていると考えられる。第一に南アフリカの憲法裁判所は暫定憲法の制定後に新政権によって設立されたが，ネパールの最高裁判所は暫定憲法の制定前から長年にわたり司法権を担ってきたという違いが存在する。前体制下では南アフリカの裁判官は主に白人で構成されており，憲法裁判所は1994年に当時の政権与党であるアフリカ民族会議が主導し，人種的平等に依拠し暫定憲法に示された立憲的価値の実現を担うべく設立された。活動開始から2年の時点では政治的な事案を扱った経験に乏しいこともあり，憲法裁判所は新政権が強調した「国家的連帯と和解」の象徴であるTRCの根拠法を違憲とすることで，同国の「移行」を停滞させることを避けたのだと考えられる（Lourens［2007］, pp. 63-64）。

　これに対し，ネパールの最高裁判所は王政復古後の1956年に設立されており，2006年の包括的和平合意以後に新政権の影響を受ける形で組織が設立されたわけではない。人権規定を備えた1990年憲法が制定されて以降は，国内の人権問題について国際規範を論拠に国の政策の違憲性を認定してきた経緯があり，2006年以降の移行期の正義の政策に関する判決でも同様の傾向が表れていた（Wagle［2012］, pp. 83-106）。

　第二にTRCの特赦認定における司法機関の役割に違いが存在する。南アフリカの場合，特赦委員会の委員にTRC外部から現職の最高裁判所判事が任用され，特赦の申請者には弁護人依頼権が与えられ反対尋問も実施されるなど司法手続きに近い制度が採用されていた（TRC of South Africa

[1998] pp. 108-115)。これが AZAPO 事件判決での「全面的な特赦」は行われておらず，既存の国際法の規定にも反しないという判旨の論拠になったと考えられる。

一方でネパールの場合，アディカリ事件判決で TRC はそもそも「準司法機関」でしかなく特赦の認定権限を持たないと評価された。ネパールの TRC は特赦の推薦を担う課を内部に置いているが，政府が選ぶ国選弁護人のみで構成され，南アフリカのように外部の現職の裁判官が特赦の是非を認定する仕組みを備えていなかった[24]。それゆえ最高裁判所にとって TRC による特赦の認定は本来裁判所が有する司法権の侵害であり，広範な特赦の認定を許すものとして否定的な判旨が展開された。本稿で挙げた判決以前に，2008年から2012年までに政府の介入により1055件以上の審理が地方裁判所で取り下げられていることが報告されており，行政府の主導で設立された TRC を司法機関の代替として機能させる TRC 法の規定は，司法への更なる介入として最高裁判所が許容できるものではなかったと考えられる[25]。

おわりに

本稿は，移行期の正義の政策を統制する立憲的規範がどのように解釈・適用されているのか考察するために，南アフリカとネパールの国内司法機関の国内および国際規範の解釈・適用の態様を踏まえ，特赦条項を有した TRC 法に対する両国の判例の評価が分かれた要因について分析した。

本稿は以下の点からネパールの TRC 法が立憲的正統性を否定されることになったと考える。まず国内規範に基づく評価においては，被害者が「和解」プロセスから排除されていたことで，TRC を中心とした政策と正義の追求への社会的認識の間に溝が生まれていたことが影響を与えていた。南アフリカでは「和解」が暫定憲法上の特別な立憲的価値として強調されており，「和解」を担う被害者が政策形成過程や和解プロセスに関与する

7 移行期における立憲主義と正義　129

ための制度的保証も存在していた。しかしネパールにおいては、「和解」を担う被害者がTRCを中心とした移行期の正義の政策決定過程から排除されていたうえ、TRC法も被害者の参加を要件としない一方的な「和解」の押し付けを可能とするものであった。その結果、立憲的価値の実現ではなく不処罰を助長するものとしてTRC法の正統性が否定されることになった。

　国際規範に基づく評価にあたっては、司法機関の立場と特赦認定手続きへの関与の違いが影響を与えていた。南アフリカでは新体制下で設立された憲法裁判所により、「国家的連帯と和解」の象徴であるTRCの根拠法を違憲として、同国の「移行」を停滞させることを避ける判断がされた。一方でTRC法が形成される以前から長年にわたって活動実績があるネパールの最高裁判所は、人権問題への国際規範の積極的な解釈・適用の傾向をTRC法の評価においても維持していた。また南アフリカで見られた外部の裁判官が関与して特赦が認定される仕組みは、ネパールのTRCには存在せず、TRC法の規定は司法権を侵害し歯止めのない特赦の認定を許すものとして否定的に捉えられたと考えられる。

　本稿で挙げた判決を経て、ネパールでは現行のTRC法の改正や被害者に対する損害回復（reparation）に関する議論も進展している[26]。本稿の議論を踏まえれば、排除されてきた被害者が移行期の正義の活動に主体的に関与し利益を得られる仕組みを整えることが、同国の移行期の正義の立憲的正統性を獲得する上で重要になると考えられる。

　注
　1　2005年以降の包括的和平合意の交渉で移行期の正義に関する政策形成に影響を与えたのが南アフリカ出身の専門家であるハネス・シバート（Hannes Siebert）だと言われる。詳しくはFarasat and Hayner［2009］を参照。
　2　国内外の人権団体の報告書などで批判的な論調が散見される。例えばSelim［2018］を参照。

3 *Himarayan Times*, April 12, 2018 (https://thehimalayantimes.com/nepal/government-to-amend-transitional-justice-act-attorney-general-agni-kharel/ : last accessed in May 21, 2018).

4 移行期の正義において特赦（amnesty）は単なる不処罰（impunity）ではなく政策の一つとして捉えられる側面もある。詳しくは望月［2012］を参照。

5 判決文は以下を参照。South African Legal Information Institute, "Azanian Peoples Organization（AZAPO）and Others v President of the Republic of South Africa and Others（CCT17/96）" (http://www.saflii.org/za/cases/ZACC/1996/16.html : last accessed in June 24, 2018).

6 Ibid., paras. 6-8.

7 Ibid., para. 25.

8 Ibid., paras. 17, 42, 50.

9 Ibid., para. 32.

10 これらの判決文は2018年現在公式の英訳が入手不可能である。非公式のバスネット事件判決文の英訳は以下を参照。United Nations Human Rights Office of High Commissioner, "UN Treaty Body Database" (http://tbinternet.ohchr.org/Treaties/CCPR/Shared%20Documents/NPL/INT_CCPR_CSS_NPL_16473_E.pdf : last accessed in June 24, 2018). 非公式のアディカリ事件判決文の英訳は以下を参照。ICRC, "Review of the Investigation of Disappeared Persons and Truth and Reconciliation Commission Act, Supreme Court, 26 February 2015" (https://ihl-databases.icrc.org/applic/ihl/ihl-nat.nsf/caseLaw.xsp?documentId=3EB2FC583759622EC1257F80005B7B99&action=openDocument&xp_countrySelected=NP&xp_topicSelected=GVAL-992BU6&from=state : last accessed in June 24, 2018).

11 *Basnet and others v. Government of Nepal*, pp. 3-4.

12 Ibid.

13 Ibid., p. 23.

14 *Adhikari and others v. Government of Nepal*, pp. 59-60.

15 Ibid., pp. 61-65.

16 *Supra* note 5, para. *20*.

17 委員5名は外交官，弁護士，社会学者，新聞記者などの経歴を有するが，内戦中の人権侵害の被害者ではない。

18 *Supra* note 14, p. 61.

19 設立後の TRC の活動はここで述べた溝を拡げることとなった。元ネパール国家人権委員会の構成員であるアチュータ・アカリャ（Achyut Acharya）は，「TRC の設立後に約 6 万 1,000 件もの申し立てがあったが，現在までにその 2 ％しか調査に着手されておらずしかも『予備調査』の段階である。TRC の活動は移行期の正義に対する政府の意思の欠如の表れとして被害者の怒りを買うことになった」と述べる。2018 年 5 月 4 日にカトマンズで筆者が行ったインタビュー。

20 *Supra*, note 5, paras. 23-24.

21 *Supra*, note 11, p. 25.

22 Ibid., p. 26.

23 *Supra*, note 14, p. 54.

24 和解手続きを管理する部署の下部に置かれた特赦の推薦を担う課は国選弁護人 3 名で構成されている。TRC of Nepal, "Organization Structure"（http://trc.gov.np/organization-structure/ : last accessed in August 19, 2018）.

25 行政府の司法への介入の態様については以下を参照。International Commission of Jurists［2012］.

26 2018 年 5 月にはアディカリ事件の原告が議長を務める被害者団体連合が中心となり損害回復に関する提案書が政府に提出された。

参 考 文 献

Bell, Christine［2008］, *On the Law of Peace: Peace Agreements and the Lex Pacificatoria*, Oxford: Oxford University Press.

Graybill, Lynn［2002］, *Truth and Reconciliation in South Africa: Miracle or Model?*, Boulder: Lynne Rienner Publishers.

Farasat, Waraisha and Hayner, Priscilla［2009］, "Negotiating Peace in Nepal: Implications for Justice," New York: ICTJ.

International Commission of Jurists［2013］, "Authority without Accountability: The Struggle for Justice in Nepal," Geneva: International Commission of Jurists.

Lollini, Andrea［2011］, *Constitutionalism and Transitional Justice in South Africa*, New York: Berghahn Books.

Mendez, Juan［2012］, "Constitutionalism and Transitional Justice," in Rosenfeld, Michel and Sajo, Andras, *The Oxford Handbook of Compara-*

tive Constitutional Law, Oxford: Oxford University Press.

Plessis, Lourens [2007], "AZAPO: Monument, Memorial...or Mistake?," in Roux, Wessel and Marle, Karin (eds.), *Law, Memory and the Legacy of Apartheid: Ten Years after AZAPO v President of South Africa*, Pretoria: Pretoria University Law Press.

Sajjad, Tazreena [2016], "Heavy Hands, Helping Hands, Holding Hands: The Politics of Exclusion in Victims' Networks in Nepal," *International Journal of Transitional Justice*, Vol. 10, Issue 1.

Selim, Yvette [2018], "Contestation and Resistance: the Politics of and Around Transitional Justice in Nepal," *Conflict, Security & Development*, Vol. 18, No.1.

Teitel, Ruti [2000], *Transitional Justice*, Oxford: Oxford University Press.

TRC of South Africa [1998], *Truth Reconciliation Commission of South Africa Report*, Vol. 5.

Wachira, George and Kamungi, Prisca [2010], "Nobel Intentions, Nagging Dilemmas: In Search of Context-Responsive Truth Commissions in Africa," Nairobi: Nairobi Peace Initiative-Africa.

Wagle, Rishikesh [2012], "Judicial Activism and the Use of International Law as Gap-filler in Domestic Law: The Case of Forced Disappearances Committed During the Armed Conflict in Nepal," in Kristjánsdóttir, Edda, et. al. (eds.), *International Law in Domestic Courts: Rule of Law Reform in Post-conflict States*, Cambridge: Intersentia.

阿部利洋 [2007], 『紛争後社会と向き合う——南アフリカ真実和解委員会』京都大学学術出版会。

篠田英朗 [2012], 『「国家主権」という思想——国際立憲主義への軌跡』勁草書房。

望月康恵 [2012], 『移行期正義——国際社会における正義の追及』法律文化社。

[立命館大学＝移行期の正義研究]

● 書　評

自衛隊という名の「軍隊」をどうするのか

水島朝穂『平和の憲法政策論』日本評論社，2017年7月

岡　本　篤　尚

自衛隊を憲法に「明記」するということの意味

　安倍晋三首相は，2017年5月3日の憲法記念日に，現行の憲法9条1項，2項を残しつつ，自衛隊を憲法に明文で書き込むといういわゆる「自衛隊明記」案を明らかにした。伝えられる有力案の1つは，憲法9条1項と2項はそのまま残し，新たに，「9条の2」として，

　　前条の規定は，我が国の平和と独立を守り，国及び国民の安全を保つために必要な自衛の措置をとることを妨げず，そのための実力組織として，法律の定めるところにより，内閣の首長たる内閣総理大臣を最高の指揮監督者とする自衛隊を保持する。
　　2　自衛隊の行動は，法律の定めるところにより，国会の承認その他の統制に服する。

との規定を付け加えるものであるという（『朝日新聞』2018年3月23日朝刊，傍点・引用者）。

　この案によれば，憲法9条1項・2項の規定にもかかわらず，「9条の2」の1項によって「必要な自衛のための措置」をとりうることになる。さらに同項にいう「必要な自衛のための措置」には，これまでのような「必要最小限度」という限定は付されていない。文理上は，「陸海空軍その他の戦力」の保持を禁じた憲法9条2項の規定にもかかわらず，「必要な

135

自衛のための措置」であれば「陸海空軍その他の戦力」としての自衛隊，すなわち自衛隊という名の「軍隊」も保持できることになる。

自衛隊の「軍隊」化は，どこまで進んだのか

　著者は，本書で，「軍事的合理性を前面に押し出して『軍事的なもの』が肥大化していく現実」，すなわち自衛隊の「軍隊」化の進行状況を詳細に検証し，「『軍事的なるもの』の持続可能な統制の必要性と可能性」を提示しようとしている。

　1991年3月，湾岸戦争後に初の「国際貢献」として海上自衛隊の掃海艇がペルシャ湾での機雷掃海作業に従事した。「その後，自衛隊の海外派遣ルートは，国連のPKO活動を軸に開拓されていく」。まず，1992年，PKO等協力法が制定され，「国連の傘のもと，自衛隊が海外で活動を展開するようになった」。1999年5月には周辺事態法が制定され，「国連の枠組のもとでなくても，米軍に対して，日本が『後方地域支援』などを実施する法的枠組みができあがった」。2001年10月に制定されたテロ特措法は，時限立法ながら，「日本『周辺』とは到底いえない遠方への自衛隊派遣を例外的に認めるものだった」。2003年7月制定のイラク特措法では，「『復興支援活動』という名目」で「従来なかった重武装の部隊を，実質的な戦闘地域に派遣して，海外での『実戦体験』を蓄積した」。現地での「武器使用」の要件も大幅に緩和される。著者はいう「一定の地域（面）の掌握・制圧を目的とし，それを『面』として防護するための武器使用は，まさに国家武装組織の組織的な実力行使であり，それは憲法9条1項が禁ずる武力の行使にほかならない」と。

　2007年1月9日，防衛庁が防衛省に「昇格」すると同時に行われた自衛隊法の改正によって，それまで「自衛隊の任務遂行に支障を生じない限度において」実施される「付随的任務」として自衛隊法の「雑則」で規定されてきた国際緊急援助活動，国際平和協力業務，テロ特措法に基づく活動，イラク特措法に基づく活動，周辺事態における後方地域支援等の自衛隊の

海外派遣任務が,「我が国の防衛」と並ぶ「本来任務」に格上げされ（自衛隊法3条2項1号・2号），自衛隊の海外出動がいよいよ本格化していくこととなった。2007年3月には「海外派遣」を主任務とする中央即応集団が防衛大臣直轄の部隊として編成されている。

　著者は，自衛隊の海外出動の本格化に関連して，本書の随所で,「防衛」概念が,「国土」の防衛から「国益」の防衛へと「拡張」されあるいは「変容」させられている点について繰り返し注意を喚起している。そして，自衛隊は，まさに「国益」追求のために世界中の紛争地帯に積極的に派遣されるようになっていく（「積極的平和主義」）。

　しかしそれでもなお，著者は，この段階ではまだ,「自衛隊は『軍』としての全属性を具備するには至っていない」とし,「自衛隊に，軍隊としての全権限，全属性を具備させることは，現行憲法九条^{（ママ）}がある間は困難である」としていた。

「7・1閣議決定」と新安保法制

　2014年7月1日，安倍政権が，集団的自衛権の行使を違憲とする憲法9条の政府解釈を変更し，集団的自衛権の行使の容認へと踏み込んだ（「7・1閣議決定」）。1954年以来60年以上にわたって歴代内閣によって積み重ねられてきた憲法9条解釈によれば,「我が国に対する武力攻撃の発生」という外形的事実がある場合に限って，例外的に,「自衛のため」の「必要最小限度の実力」の行使が認められるというものであった（「自衛力合憲論」）。それゆえに,「我が国に対する武力攻撃の発生」という外形的事実を欠いているのに武力を行使することは「自衛」にはあたらないからこそ，集団的自衛権の行使は違憲とされてきたのであった。

　ところが,「7・1閣議決定」は,「我が国と密接な関係にある他国に対する武力攻撃が発生し，これにより我が国の存立が脅かされ，国民の生命，自由及び幸福追求の権利が根底から覆される明白な危険がある場合」（「存立危機事態」）にも,「我が国に対する武力攻撃の発生」という外形的事実

書　評　137

を欠いているにもかかわらず，「自衛のため」の「必要最小限度の実力」
の行使を認めるものとする。これは，著者によれば，「自衛力合憲論」が
拠って立つ「基本理論を覆す」ものであり，「憲法の大原則である平和主
義の根幹（首）を切り落とす『憲法介錯』にほかならない」。

　2015年9月19日，「7・1閣議決定」に沿って自衛隊法，PKO等協力法，
周辺事態法，周辺事態船舶検査法，武力攻撃事態法など20の法律を一括し
て改正する「平和安全法制整備法」と「国際平和支援法」が成立した
（「新安保法制」）。この改正によって，自衛隊法3条1項から「直接侵略及
び間接侵略に対し」との文言が削除され，自衛隊法76条1項の防衛出動の
対象に「存立危機事態」が追加された。また，集団的自衛権行使の要件が
満たされていない段階であっても，米軍等の武器の防護のための武器使用
が認められることとなった（自衛隊法95条の2）。

　周辺事態法が改正された「重要影響事態法」では，その捜索援助活動か
ら「周辺」と「後方地域」という制限が外され，「重要影響事態の認定如
何によって，自衛隊の活動は限りなく広がることにな」った。他方，国際
平和支援法の捜索援助活動には，「もともと地理的限定がなく，理論上，
『地球の裏側まで』も可能である」。著者によれば，「この捜索援助活動は
戦闘行為に発展する蓋然性が特に高く，かつ，『自衛隊員のリスク』が圧
倒的に高まる」という。またこれらの捜索救助活動では，外国軍隊の武力
行使と一体化してはならないという「武力行使との一体化」論が実質的に
放棄され，「『武力行使との一体化』論は『歯止め』としての賞味期限を終
えてしまった」とも指摘している。

　本書が分析の対象としていた時期以降の動きについても診ておくことに
したい。2016年11月18日，南スーダンへ派遣される陸上自衛隊施設隊第11
次隊に「駆け付け警護」と「宿営地の共同防護」という新たな任務が付与
された。「駆け付け警護」や「宿営地の共同防護」によって，自衛隊の部
隊が現地での戦闘に巻き込まれる蓋然性が俄然高くなる。また「駆け付け

警護」のための武器使用や「任務遂行のための武器使用」は，従来の政府見解により相手が国家または国家に準ずる組織である場合は，憲法9条1項の禁ずる武力の行使に該当するおそれがあるとされてきたものである。

2018年3月27日，陸上自衛隊の各部隊を一体的に運用するため「陸上総隊」が設置された。陸上総隊の直轄部隊としては，島嶼部などで水陸両用作戦を展開するために同日に新編された「水陸機動団」（主力は第1水陸機動連隊（旧・西部方面普通科連隊））のほか，「緊急展開部隊」ともいうべき「中央即応連隊」，対テロ・ゲリラコマンドである「特殊作戦群」（2004年3月編成）や第1空挺団など「実戦的」な部隊がそろっている。

米朝核ミサイル危機に乗じて政府が米国からの購入を決めたイージス・アショア（イージス・システムの陸上版）は当初の見込みを大幅に超過し，2基で4,664億円（維持・運営費等を含む）になるという。2019年度の防衛予算は，概算要求で5兆3000億円程度に膨らむ見込みである。

以上が，「自衛隊明記」案が憲法に明記しようとしている自衛隊のいま現在の姿である。それはもはや，「自衛のための必要最小限度の実力」組織などとはいえないであろう。

自衛隊という名の「軍隊」をどうするのか

著者は，別の著書で「当面の重要な課題は，『専守防衛水準』（1954年政府解釈）に押し戻すことです」という（水島朝穂『ライブ講義　徹底分析！集団的自衛権』岩波書店，2015年，299頁）。ではどのようにして「押し戻す」のか。著者は，ドイツでの議会による軍の統制に関する豊富な知識を引照しながら，防衛オンブズマン制度の導入などを提唱する。

2005年7月14日，イラクに派遣された自衛隊の部隊のサマワ近郊の宿営地にロケット弾が撃ち込まれた。自衛隊の宿営地は，「非戦闘地域」とされていたにもかかわらず，2004年からの約2年間で13回もロケット弾や迫撃砲による攻撃を受けていたという。また，2005年12月4日には，派遣された自衛隊員たちが武器を持ったイラク市民に取り囲まれる「ルメイサ事

書　評　139

件」も起きていた（TBS『NEWS23』2018年7月19日放送）。南スーダンでは，2016年7月，首都ジュバで，政府軍と反政府武装勢力が自衛隊の宿営地を真ん中に挟んで激しい銃撃戦を展開していた（NHKスペシャル『変貌するPKO 現場からの報告』2017年5月28日放送）。

　イラク・南スーダン日報隠蔽問題が明らかにしたのは，国会が自衛隊の派遣部隊が派遣先で置かれた状況や派遣先での活動について事後的に検証することですらできないでいるという事実であった。これでは国会が自衛隊を統制することなどできようはずもない。「戦前」，政治は軍隊を統制することができず，暴走する軍隊に引きずられて，日本全土を焦土と化した。憲法9条2項が「陸海空軍その他の戦力」の保持を禁じまた「国の交戦権」を否認したのは，暴走した軍隊に対する不信感だけでなく，軍隊を統制する意志も能力も欠いていた政治に対する不信感の表明でもあったはずである。そうであるとするならば，国会は，憲法9条の改正案を発議する前に，自衛隊という実力組織を統制する意志と能力が十分にあることを国民に証明してみせる必要があろう。

73回目の「8月15日」に

> 【付記】本稿では「書評」という性格および紙幅の制約から，水島朝穂『平和の憲法政策論』（日本評論社，2017年）からの引用にあたっては，いちいち引用個所等を明記することをしていないことをお断りしておく。

［神戸学院大学＝憲法］

● 書　　評 ─────────────────────────────────

9条平和主義はアジアで何ができて，
また，何をしなければならないのか

李京柱『アジアの中の日本国憲法──日韓関係と改憲論』勁草書房，2017
　年7月

永　山　茂　樹

　　著者・李京柱氏への期待
　日本は，朝鮮戦争・ベトナム戦争をはじめとした東アジアの紛争・戦争
に，直接の介入をしなかった。それは，憲法前文と9条にもとづいた平和
主義（9条平和主義）の論理と運動が，日本の再軍備と行使にたいする歯
止めとなったからである。このことは東アジアの平和環境に積極的な影響
をもたらした。だがそれだけにとどまらず，日本の軍事化にたいする一定
の抑制という，平和の円環を成り立たせてきた。
　とすれば東アジアの平和環境をさらに強固なものとするためには，9条
平和的主義が果たしてきた積極的役割を改めて具体的に認識したうえで，
平和運動と平和政策を構想するべきであろう。他方，「主権国家には軍事
的な自立が必要だ」「現実にあわせて9条を改憲することが，立憲主義の
立て直しにとって必要だ」といった議論は，こういった歴史的事実を無視
したきわめて観念的なものであるといえよう。
　著者・李京柱氏は日本と韓国をフィールドに，憲法を通した平和実現と
いう課題に長く取り組んでこられた。9条平和主義を〈第二次世界大戦後
の東アジア〉という枠組みのなかで具体的に位置づけるという課題を，も
っともよくこなすことが期待される研究者といってよいだろう。

141

本書の構成

本書第一部「アジアと日本国憲法の制定」では，日本国憲法誕生のアジア的文脈，具体的には，その制定理由がアジアにおける「日本にたいするアジアの安全」を確保するためのものであったこと，それが存在したがゆえに日本がアジアの仲間入りをすることができたこと，にもかかわらず，じっさいには「日本の安全保障のみを考えた，あるいはアメリカの軍事戦略への追従による日米軍事同盟強力の同盟化が，安保関連法の下で進んでいること」を指摘し，平和を実現するために9条に適合的な外交が重要であることを述べた。

第二部「日本国憲法とアジア」では，日韓の間で平和を論じることの意味が大きいとしたうえで，日本から韓国へ伝えるべきものとしては平和的生存権を，韓国から日本へ伝えるべきものとしては平和外交をあげた。

著者は日韓両国の状況について，こう説明する。「韓国は北朝鮮との熱戦と冷戦を繰り返していたため，平和を語ること自体が非常に難しかった。政権交代などで民主主義の回復にエネルギーがとられ，平和を語る余裕もなかった。一方，日本では直接的な戦争がなかったため平和な日常生活が続いてきた。軍国主義体制への復古主義などへの警戒はあったが，東アジアのために平和外交を通じて積極的に貢献をする原動力はなかった」（113頁）。しかし「戦争に巻き込まれることなく東アジア市民の平和的な生存が維持されるべく，日本，韓国は役割を果たさねばならない」。そのとき「自国の政府の反平和的外交を牽制するとともに隣国の反平和的外交政策にも批判の声を上げることができる第三世代の人権である」平和的生存権が重要になる，と。

第三部「韓半島の平和とアジア」第一章「韓国憲法の平和主義，可能性と限界」のなかでは，現行・87年憲法について，「大統領直接選挙という国民の要求がきっかけになった」もので「人権弾圧の象徴の一つでもあった国家緊急措置権が縮小された」にもかかわらず，「平和主義に無関心な憲法であった」という，ある種の食い違いがあること，しかし国家の軍事

戦略の変化が，「国民の反発と平和運動を活性化し」，平和運動が高揚したという韓国の状況が紹介されている。

そして著者によれば，平和主義の観点から「遅滞された憲法」である87年憲法は，いま，空洞化の道をたどるか，それとも平和主義という可能性を広げるかという岐路にたっている（184頁）。なおこの章では，集団的自衛権に関する韓国憲法の解釈論が紹介されている。これは，日本国憲法9条の解釈にとっても示唆するところがある。

また同部第四章「韓国における国家緊急権と有事法」では，韓国憲法の非常戒厳規定とそれを受けた戒厳法の国家緊急権をとりあげ，その法構造と運用実態を詳細に紹介した。日本の改憲論（とくに自民党改憲草案98・99条の緊急事態条項改憲論）を検討するうえで重要である。著者は「韓国における国家緊急権は対内的には政治的な危機を強権的に乗り切る手段として使われ，対外的には米軍支援法制としての側面を強く持っている」と指摘する。ひるがえって日本の改憲批判論は，この観点（つまり日米安保と緊急事態条項の関係）を十分に捉えることができず，緊急権行使を国内的問題ないしは技術的問題に矮小化して理解する傾向がある。著者の指摘する隣国の経験は，ただちに共有されるべきであろう。

著者にうかがいたい点

本書は日本における平和主義・9条改憲をかんがえていくうえで，間違いなく必須の文献であるといえる。

以下は，いくつかのポイントにしぼって評者の雑感をのべたい。

(1)さきにのべたように，日本の軍事化・非軍事化を事実に即して検討するという著者の手法は，観念論的な9条改憲論を乗り越えることができる。そのことを前提にして，なお気になる点がある。

日本のさらなる軍事化は，東アジアの平和にとって否定的影響をもたらすという著者の主張はわかる。それでは反対に日本の非軍事化はどうなのか。他の条件がかわらないばあい，日本が9条平和主義に適合する

書評　143

非軍事化・非武装化にすすむことは，東アジアの平和環境にどういう影響をもたらすだろうか。ここでの課題は，「軍事的空白は地域の不安定をもたらす」などといった軍事バランス論をどう克服するか，という問題である。

もちろんそういう問いに対して，著者は答えを用意している。「……日米安保条約の締結と，その後化されつつある一連の安保関連法は，韓国にとっては，日米による韓国戦争または韓半島有事への積極的な対応とみなせる。そして，このような支援体制は，今日，韓半島の平和体制の構築にとって大きな障害になっている」（110頁）と。つまり現状で，すでに日本国憲法と日米安保体制が乖離しており，後者＝日米安保体制が東アジアの平和的環境づくりにとってマイナスになっている，ということである。ただこのことは，韓半島だけでなく（中国，台湾，ロシア，アセアン諸国も含めた）より広い意味での「東アジア」のなかで解明する必要があるのではないだろうか。

(2)著者が示したように，平和的生存権をキー概念に据えて平和を構想することは，日本のみならず韓国においても，有効だろう。私たちは，戦争・平和を国家間ゲームではなく，戦争をする国家権力／戦争によって平和的生存権を侵害される民衆の関係としてとらえなくてはならない。

しかしこのことについてはいくつかの課題がある。

第一に，中国・北朝鮮で，このような構図を成り立たせる民主主義と人権保障は，現状ではのぞみえない。そうすると国境をこえた民衆の連帯で平和を実現するという方法は，有効性が限られているのではないか。当面は日韓先行で連帯をつよめる，という理解でよいか。

第二に，日本における立憲主義・議会制民主主義・地方自治の著しい劣化である。象徴的な事例をあげれば，韓国ではキャンドル革命が成功したのに，日本ではそうなっていない。著者は「平和主義という可能性を広げる」ための課題として，「政府の軍事外交政策決定に，国民と国会が実質的に参加すること」や「地方政府レベルでも非核自治体である

べき」ということをあげている。いずれも重要な課題であるが，しかし
ハードルのかなり高いことでもあろう。

　　第三に，日本のアメリカに対する軍事的・政治的な従属である。ここ
を転換させることなしには，日本の平和構想は実現困難である。著者は，
ここについてどうかんがえているか。アメリカとの軍事同盟に組み込ま
れた韓国でも，同じ問題はあるだろう。

(3)韓半島の非核化や，南北朝鮮間・米朝間の平和条約締結の展望である。

　　第一に，すでに〈日本抜き〉で事実が先行している。であれば，日本
の姿勢いかんによらず，韓半島の平和は進むときには進む，とシニカル
に考えてよいのだろうか。それとも，やはりここで日本が日朝関係の正
常化など積極的役割を果たす必要があるだろうか。

　　第二に，韓国国内の問題である。文在寅大統領の下で南北間の関係は
好転したが，しかし今後も紆余曲折があろう。たとえばキャンドル革命
において，軍の一部が非合法な戒厳令の施行を検討していたことも明ら
かになった。韓国国内ですら，一足飛びの平和実現に対して敵対的な勢
力がいるのではないかと推測される。この問題をどう考えるか。韓国民
衆の力はそれに耐えうるのか。

　　第三に，日本の改憲論に対抗する議論の立て方との関係である。もし
韓半島が朝鮮戦争のなかった時代にもどったならば，それは同時に，日
本を取り巻く国際情勢が警察予備隊をもつ必要性のない時代に回帰する
ことを意味する。したがって9条改憲を必要とする改憲事実（立法事
実）は存在しないことになるだろう，という議論がある。

　　これはロジックとしてはおもしろい。しかし韓半島の緊張があれば，
逆に9条改憲論に利する議論ともなりかねない。また中国を念頭にした
改憲論とは，必ずしもかみあわないようにおもう。いずれにしても，こ
ういった対抗言論は成立が可能だろうか。

(4)日本の改憲論としては自民党憲法改正草案（2012年）を念頭にして，本
書は執筆されたようだ。では安保法（2015年）を憲法的に正当化させる

書　評　145

改憲論（たとえば2項を存置しながら，自衛隊保有について別条をくわえる
安倍・加憲論）については，どう考えておられるか。

[東海大学＝憲法学]

日本平和学会の研究会活動

日本平和学会事務局

【日本平和学会2018年度秋季研究集会】

集会テーマ：「平和」の帝国主義

開催日：2018年10月27日（土）・28日（日）

会場：龍谷大学（深草キャンパス）

共催：龍谷大学アフラシア多文化社会研究センター

第1日：10月27日（土）

● 9：10-11：40

部会1 （開催校企画・経済学史学会との共催）戦争と平和の経済思想——戦間期と冷戦期の「国際協調」主義

　　報告：藤田菜々子（名古屋市立大学）「ミュルダールにおける戦争と平和——スウェーデン中立・非同盟の国際主義」

　　報告：籔田有紀子（京都大学ほか）「レナード・ウルフと帝国主義の平和」

　　討論：高英求（中部大学）

　　討論：尹春志（西南学院大学）

　　総括：小峯敦（龍谷大学）

　　司会：原田太津男（龍谷大学）

自由論題部会1 （パッケージ企画1）「慰安婦」問題を歴史化する——日本の現状と今後の課題

　　報告：倉橋耕平（立命館大学ほか非常勤講師）「歴史修正主義をとりまくメディア体制：メディア文化研究からのアプローチ」

　　報告：木下直子（日本学術振興会特別研究員PD）「「慰安婦」問題解決運動をめぐる現状分析」

報告：土野瑞穂（大妻女子大学ほか非常勤講師）「『女性のためのアジア平和国民基金』をめぐる政策過程の一考察」
討論・司会：内海愛子（大阪経済法科大学アジア太平洋研究センター）

自由論題部会2（単独報告）
報告：宮本佳和（神戸大学大学院国際文化学研究科）「土地紛争における伝統的権威の役割：アフリカ南西部・ナミビアの牧畜社会を事例として」
報告：大野光明（滋賀県立大学）「脱軍事化の実践と経験：1970年代，沖縄へ渡ったアメリカ人反戦運動（パシフィック・カウンセリング・サーヴィス）を事例に」
討論：勝俣誠（明治学院大学）
討論：阿部小涼（琉球大学）
司会：長谷部貴俊（日本国際ボランティアセンター）

●12：10〜14：10
分科会
①合同開催「平和学の方法と実践」分科会，「憲法と平和」分科会，「植民地主義と平和」分科会，「軍縮・安全保障」分科会
テーマ：日本平和学会が果たすべき役割を考える
（1）日本における平和研究のいま——書評『平和をめぐる14の論点』（法律文化社，2018年）
（2）日本平和学会の現状と課題——歴代会長との意見交換

②合同開催「琉球・沖縄・島嶼国および地域の平和」分科会，「発展と平和」分科会
テーマ：「沖縄県離島における基地問題」
報告：「沖縄と自衛隊——離島地域の『基地問題』」進尚子（東京大学大学院総合文化研究科国際社会科学専攻博士課程）
討論兼司会：松島泰勝（龍谷大学）
報告：「細菌部隊731部隊と原爆開発に関わった京都大学の資料公開の現状と検証責任」岡本晃明（京都新聞論説委員）
討論：原田太津男（龍谷大学）

③「難民・強制移動民研究」分科会

テーマ：不安定な庇護と複雑化する共生

報告：「タイ・ミャンマー国境地域の移民・難民たち——タイ・メソートを訪ねて考えたこと」佐渡友哲（日本大学法学部）

討論：竹村卓（富山大学人文学部）

報告：「安定を求める豪比結婚——日本との比較を含めて」佐竹眞明（名古屋学院大学）

討論：永田貴聖（大阪国際大学）

司会：小泉康一（大東文化大学）

④「平和と芸術」分科会

テーマ：「多元的世界を音でつなぐ——カラダとココロの表現アートワークショップ」

報告：狩谷美穂（MUSIC POWER for ALL 代表）

討論：佐藤壮広（立教大学）

司会：湯浅正恵（広島市立大学）

⑤「公共性と平和」分科会

テーマ：「暴力に対する和平の拠り所とは何か？——国際公共政策から考える」

報告：「『平和に反する罪』と東京裁判の遺産——レーリング判事の意見書と回顧」金碩淵（国民大学校）

報告：「国連平和維持活動による武力紛争下における文民の保護の実効性と問題点」織田雄太郎（関西学院大学大学院）

討論：宮脇昇（立命館大学），中川洋一（大谷大学講師）

司会：玉井良尚（京都府立大学講師，京都学園大学講師）

●14：20-15：10

総　会

●15：20-17：50

部会 2（開催校企画）京都学派——帝国の知の実践

報告：嘉戸一将（龍谷大学）「〈絶対無〉・象徴・決断主義」

報告：川村覚文（関東学院大学）「個物の政治：西田幾多郎の政治哲学とその問題」

討論：内藤酬（河合塾）

司会：清水耕介（龍谷大学）

部会3（企画委員会企画・市民社会スペースNGOアクションネットワークと共催）市民社会スペースの危機——新たなる不透明性を越えて（パネルディスカッション形式）

報告：杉浦功一（和洋女子大学）「民主化支援の今日的ディレンマ——国際社会から見た現状と課題」

報告：重田康博（宇都宮大学・国際協力NGOセンター）「市民憲章の意義とその射程——市民社会スペースをめぐる国際動向」

報告：加藤良太（市民社会スペースNGOアクションネットワーク）「狭隘化の実態と対抗アドボカシー——市民社会スペースをめぐる国内動向」

討論：藤岡美恵子（法政大学）

討論：佐伯奈津子（名古屋学院大学）

司会：高橋良輔（青山学院大学）

第2日：10月28日（日）

●9：10-11：40

部会4（企画委員会企画）朝鮮半島平和体制に向けた動きと日朝関係——分断国家成立70周年，朝鮮戦争停戦65周年にあたって

報告：石坂浩一（立教大学）「朝鮮半島における平和体制構築と日朝関係の過去・現在・未来」

報告：山本かほり（愛知県立大学）「朝鮮半島における平和体制構築と在日朝鮮人の権利問題」

報告：李柄輝（朝鮮大学校）「朝鮮民主主義人民共和国から見た国際関係と日朝関係」

討論：李泳采（恵泉女学園大学）

司会：高林敏之（早稲田大学）

自由論題部会 3 （パッケージ企画 2 ） Re-examining the Refugee Protection and Repatriation：A Case Study of Rwandan Refugees

Keynote Speaker：Froduald Ntezilimana（Representative of Former Rwandan Refugee Committee in Zambia）"Failure of Forced Repatriation and Protection of Rwandan Refugees"

Presenter 1：Masako Yonekawa（Rikkyo University）"Rwandan Government's Motives to Repatriate Refugees and Their 'Self-Protection'"

Presenter 2：Akiko Sugiki（Keio University）"Repatriation as the Most Preferred Durable Solution for Refugees? Its Impact on 'Human Security' and Durable Peace"

Commentator 1： Koki Abe（Meiji Gakuin University）

Commentator 2： Saul Takahashi（Rikkyo University）

Chairperson：Masanobu Horie（Mukogawa Women's University）

●12：10〜14：10

分科会

⑥「アジアと平和」分科会

　テーマ：アジアの「平和」——その歴史と現在

　報告：「占領と性奴隷制——日本軍占領下インドネシア南スラウェシ州における少女たちの動員と奴隷化」鈴木隆史（桃山学院大学兼任講師）

　報告：「バングラデシュ政治史におけるロヒンギャ難民問題」日下部尚徳（東京外国語大学講師）

　討論：内海愛子（大阪経済法科大学），堀場明子（笹川平和財団）

　司会：日下部尚徳（東京外国語大学）

⑦「アフリカ」分科会

　テーマ：アフリカ地域紛争への国際社会の関与

　報告：「コンゴ動乱と国際連合の危機」三須拓也（東北学院大学）

　討論：古澤嘉朗（広島市立大学）

　司会：藤本義彦（呉高専）

日本平和学会の研究会活動　151

⑧「環境・平和」分科会

報告：「隣国の原子力政策に脱原発国家オーストリアはどう向き合うか――現代ヨーロッパにおける「境界」の意味を問う」東原正明（福岡大学）

討論：安部竜一郎（東京大学非常勤講師）

司会：蓮井誠一郎（茨城大学）

⑨合同開催「非暴力」分科会，「平和教育」分科会

テーマ：「世界の非暴力運動の展開と平和教育のあり方」

報告：「アメリカの非暴力抵抗の歴史と非暴力主義の教育について」山根和代（立命館大学）

報告：「ドイツの平和研究と平和教育学の展開」寺田佳孝（東京経済大学）

報告：「平和教育プロジェクト委員会の成果と理論化に向けて」高部優子（横浜国立大学博士課程後期）

司会：藤田明史（立命館大学），杉田明宏（大東文化大学）

⑩「グローバルヒバクシャ」分科会

テーマ：日米同盟と核

報告：「トモダチ作戦　もう一つのフクシマ――空母レーガン乗組員の被曝裁判」田井中雅人（朝日新聞）

報告：「陸上イージスは核ミサイルを撃墜できるか――「惑星規模の被爆」の危険を考える」藤岡惇（立命館大学）

討論：大野光明（滋賀県立大学）

司会：藍原寛子（Japan Perspective News）

●14：20-15：00

入澤崇（龍谷大学学長）講演

「和の実現はいかにして可能か――仏教の立場から考える」

●15：10-17：40

部会5　（開催校企画）学知の帝国主義，植民地主義批判

報告：植木哲也（苫小牧駒澤大学）「〈滅びゆく民族〉――学問という植民地政策」

報告：松島泰勝（龍谷大学）「日本帝国主義と琉球——脱植民地化としての遺骨返還運動」

討論：佐藤幸男（帝京大学）

司会：木村朗（鹿児島大学）

●15：10-17：40

部会6　ワークショップ（平和教育プロジェクト委員会企画）トレーナーズトレーニング　やり⇔とり力を育てる：高校の新設必修科目「公共」に向けて

ファシリテーター：奥本京子，高部優子，暉峻僚三，ロニー・アレキサンダー

SUMMARY

The Way to the World without Nuclear Weapon: The Future predicted by Quantum Mechanics and Nishida's Philosophy

NAITO Shu

Modern science was derived from the physics of the 17th century. Such a modern science regarded nature as existing independently from the human subjectivity, and assuming such nature and human relations, was going to grasp nature of the object by a system of objective knowledge. It opened the way for an operational rule for nature. Modern technology was based on natural recognition of modern science.

However, contemporary science, which is based on natural recognition that was different from the modern science, emerged in the early 20th century. Quantum mechanics for classical mechanics, another phenomenon of this time, revolutionized natural recognition. Contemporary technology, which accomplished remarkable growth in the late 20th century, is regarded as the result of such a contemporary science in large quantities.

Alongside the establishment of quantum mechanics, Nishida's philosophy, which is built around the framework of world recognition and logical structure, was born. The future predicted by the logic of Nishida's philosophy, is a figure of the global community coming up beyond the transformation of technology. By the transformation of technology that advanced in the late 20th century, the world recognition of Nishida's philosophy will win a base of existing in the historic world.

The development of nuclear weapons signaled the establishment of contemporary technology. However, the transformation of technology that went ahead through the results of contemporary science as a driving force, made it possible to succeed to the world structure created by nuclear weapon without nuclear weapon. Article 9 of the Japanese Constitution is an international milestone, as it aspires to establish a world without nuclear weapons. As such, this rhetoric for international peace based on justice and order should be adopted by all states.

The Constitution and the Nuclear Policies of Japan

KAWAKAMI Akihiro

This paper analyzes the principles of law regarding nuclear policies of Japan as they relate to constitutional theory, the Japanese government, and judicial precedent.

The analysis addresses three issues that have recently arisen in relation to the Constitution of Japan. The first concerns a principle of law found in the discussion between Shinkun HAKU, a member of the House of Councilors, and Yusuke YOKOBATAKE, Director-General of the Cabinet Legislation Bureau, which took place at the Budget Committee of the House of Councilors on March 18, 2016. The point of their discussion was whether it was constitutional for Japan to use nuclear weapons abroad when Japan was not under direct military attack.

The second issue concerns nuclear plants under Clause 2, Article 9 of the Constitution of Japan, which prohibits the maintenance of land, sea, and air forces, as well as other potential instruments of war. However, it may be violated if nuclear power plants are regarded as war potential. This reasoning derives from the fact that nuclear power plants can have capacity to produce, maintain, and use nuclear weapons.

The third issue concerns constitutional rights and nuclear power plants. Some experts posit that nuclear power plants violate various constitutional rights, such as the right to life, the right of personhood, the environmental right, the rights of future generations, the right to live in peace, the right of equality, and the right to self-government of local residents. In this regard, the analysis also considers some recent judicial precedents on constitutional rights and nuclear power plants, such as one from the Fukui District Court on May 21, 2014.

Pacifism and Article 24 of the Constitution of Japan

WAKAO Noriko

This paper explores the relation between Article 24 and the Pacifism of the 1946 Constitution of Japan. Article 24 is the provision for family-based rights but does not include a clause for the protection of the family. Activists who criticize the Pacifism of the Constitution have sought an amendment to not only Article 9 but also Article 24. Because they insist that the lack of a clause for a family's protection causes the crisis of the family's dissolution as well as Article 9 leads to the crisis of the state's dissolution.

Besides, the insistence of a family's protection has been supported not only in Japan but also in the United Nations since 1995. In the United States, protection of the family is commonly known as the family values movement by Christian Right, which emerged in the 1970s. The demand on family protection by the religious right has formed political powers both in Japan and in the United Nations.

This paper compares the issue of family protection in the United Nations with Japan. As a result, it concludes that the protection of the family in both cases means to protect "our" family and to exclude the "enemy's" family. This line of reasoning is echoed by militarism thought, requires the nation, or "us," to fight against an enemy nation, or "them." The Pacifism of the Constitution of Japan declares that all the people of the world have the right to live in peace, free from fear and want. That is to say, the Pacifism of the Constitution denies the friend-foe way of thinking. Hence, Article 24 excludes the clause of the protection of the family and supports the Pacifism of the Constitution with Article 9.

A Proposal: Japanese Nationalism Reform from a perspective of Japan's Constitution Philosophy

TERUOKA Ryozo

In recent years, campaigns by constitutional revisionists and supporters of the current constitution have been active as the current regime shows great ambition to change the constitution of Japan. After the Asia–Pacific War ended, Japan adopted a democracy-oriented constitution based on universal respect for fundamental human rights, principles of popular sovereignty, and pacifism.

These three principles of the constitution can be distilled to maximum respect for individual dignity. The fundamental element of human rights is the right to live with dignity. Popular sovereignty means that individuals with dignity can form a society through deliberation. Lastly, pacifism refers to the restriction of the use of armed force, such as war, which strips humans of their dignity and mobilizes them as objects of military power.

Despite these values being enshrined in the legal framework, the Japanese society has failed to implement them in practice. Racism, for instance, is completely incompatible with the idea of respecting individual dignity as it establishes each party's superiority or inferiority based on group identity. Japanese society, in many ways, can be perceived as being "tolerant" of racism. For example, political figures have been accused of committing various racist acts and have not resigned from their respective offices.

Some find it surprising that a politician would not resign in this case but would resign if involved in any other illicit affair. This means that Japanese society, in general, considers racial discrimination as a less serious matter than a personal illicit affair.

Why is it that we disregard these common acts of racism despite having created a legal framework that places maximum importance on individual dignity? One crucial reason is that the idea of the Japanese nation is based on imagined blood relation. To eliminate racism, Japan must transform the idea of the nation from an imagined blood relation to a sense of nationalism that shares the maximum respect for individual dignity, which is the fundamental philosophy of the constitution.

Beyond borders: Post-disaster knowledge and the role of peace studies

TAMURA Azumi

"Territorial" thought divides the world into "us" versus "them," often leading people to retreat from complex society and withdraw into closed territory that is protected from uncertainty. This phenomenon is found not only in rising anti-immigrant sentiment but also in our knowledge that tends to employ solid models to the unstable world by eliminating the unknown. The Fukushima nuclear disaster, for example, revealed the limitation of such knowledge. A scientific approach cannot provide full certainty regarding operating nuclear plants or investigating the health risks of radiation. The moral law is also inapplicable when a complexity of society distracts us from feeling responsible to others. This urges the need for another type of thought which reflects uncertainty.

While the "territorial" nature of conventional science and moral philosophy discounts the complexity and vulnerability of life, this paper introduces a strand of contemporary philosophy called post-humanism and new materialism. It is radically "non-territorial" thought that deconstructs the notion of a rational subject with a clear identity and intention. Although such entities are often regarded as disempowered, the paper claims that they possess ethico-political agency. The case in point is political practices in the post-Fukushima anti-nuclear movement. In this instance, the protesters took to the street based on emotional turmoil, such as shock, anger, and regret. Those emotional experiences were initially personal, but the activism provided a space for each participant to feel the pain of others, share a passion and create something new together. Through encountering others on the street, they formed a heterogeneous "assemblage" and engage in politics without consistent ideology.

The paper questions a dishonest habit of scholars who stand outside of the phenomenon they observe and reduce changing reality to an invariable model, thereby downplaying the precarity of our lives. As peace studies researchers, we need to put ourselves in the middle of uncertainty, experiment with affirming the dignity of proximate bodies, and weave knowledge together from within.

The Civic Local Political Power in the Philippines: Factors and Lessons of the Birth of the Democratic Developmental Local State

AGARIE Hideo

The democratization and decentralization that has spread among many developing countries, for instance, the Philippines, has led to the problem of "Local Bossism." The term refers to elite domination of the local political economy based on a monopoly of political power that gives the local economic elite the authority to allocate national resources in the locality. Local elites tend to win elections through patron-client relationships which involve election strategies such as vote-buying and coercion. They also attempt to accumulate wealth by abusing power delegated to local chief executives through decentralization. This includes unfair preferential treatment of their family members, cronies, and clients, without maintaining the welfare of local poor and "ordinary" residents. Monopoly of political power and dominance of development shares by local elites prevents fair, just socioeconomic development that contributes to improvement of poor, ordinary residents' lives. However, local democratic political power that explains policies and philosophy to voters and obtains consent from them started to emerge in the Philippines with the rise of civil society forces that do improve lives of poor or ordinary residents. This local democratic political power established bonds of trust with local residents and implemented sound development through good governance that contributes to improving poor and ordinary residents' lives. This case demonstrates the possibility of avoiding maldevelopment through political reform encouraged by deepening democracy and development of civil society, even in other developing countries with similar problems post democratization and decentralization.

Constitutionalism and Justice in the Transitional Period: Evaluations of the Constitutional Legitimacy of the TRC Laws in South Africa and Nepal

KOSAKA Shinya

This paper discusses how national courts interpret and apply constitutional norms governing policies of transitional justice through a comparative study on the systems of evaluations on the constitutional legitimacy of the TRC (Truth and Reconciliation Commission) Laws provided by the highest courts in South Africa and Nepal. Both countries' TRC Laws authorized TRCs to grant amnesty. However, although the Constitutional Court of South Africa admitted constitutionality of the TRC Law in 1996, the Supreme Court of Nepal denied it in 2014 and again in 2015.

Through reviewing previous research on "transitional constitutionalism," this paper argues that the basis of constitutional legitimacy can be found in both national and international norms during the period of transition. Regarding national norms, the Constitutional Court of South Africa legitimized the TRC Law, as it pursued constitutional values rendered by the Interim Constitution because a social context entailed participation of victims for promoting reconciliation. However, the Supreme Court of Nepal denied constitutional legitimacy of the TRC Law, as it "forced reconciliation" due to the exclusion of victims from the reconciliation process.

Because international norms in transitional justice have yet to be explicitly constructed, this paper analyzes how stances or roles of national judicial institutions in societies affect the interpretation of the existing international standards or precedents of other countries as sources of the international norms. The Constitutional Court of South Africa did not emphasize illegitimacy of the TRC Law based on international norms because incumbent judges of the High Court were reviewing amnesty process to avoid granting "blanket amnesties." However, the Supreme Court of Nepal, which had been actively applying international human rights norms since 1990s, emphasized the illegitimacy of the TRC Law by referring to international standards because it allowed broad amnesty by lacking reviewing process by judiciaries. These different evaluations of constitutional legitimacy directed the judgements in South Africa and Nepal.

編 集 後 記

　2018年もまた、日本国憲法の平和主義にとって試練の年となった。

　3月25日の自民党大会では、党憲法改正推進本部が憲法9条を含む改憲4項目について「条文イメージ・たたき台素案」をまとめ、9月20日には、安倍晋三首相が自民党総裁選で三選を決め、「いよいよ、皆様と共に憲法改正に取り組んでいきたい」と宣言した。これを受けて、自民党憲法改正推進本部や衆参両院憲法審査会などの要職に、安倍首相と考えの近い人々を配置して、一気に憲法改正に向けてアクセルを踏んでいるように見えるのが、この秋である。

　無論、政治的キャピタルを大量に消費する憲法改正はすんなりとできるものではなく、与党内力学も絡んで政治的な綱引きが続いており、一気呵成に憲法改正とはならないだろう。

　しかし、憲法9条改正がなされないかぎり日本の平和主義は無傷でいられる、ということにはならない。目下、政治の世界でも、大多数の国民の間でも、「平和国家」の旗を掲げてきた日本を今後どのような国にするのかについて、議論がまったく深められていないことに注意を払うべきである。メディアの語る政局論議でも、憲法改正ができるかできないかという表層的な一点に関心が向けられることがしばしばである。

　しかし、本来、平和国家の具体像を語ることなく平和主義を掲げ続けることはできないはずではないのか。平和主義の実相が変容するなかで、言葉はさらに空回りする。平和国家を唱えていても、平和国家になるわけではない。日本が直面しているのは、このような問題なのではないか。

　日本はいかなる意味での平和主義に立っているのだろう。「唯一の戦争被爆国」として、核抑止力に頼る国と核廃絶を訴える国との橋渡しを謳ってきたはずの日本は、2017年に国連で採択された核兵器禁止条約に一貫して距離を置いている。もはや核軍縮を推進する国として国際社会から認知されることは困難となりつつある。そして着実に軍事をめぐる国家の政策は姿を変えてきた。平成30年度予算案の防衛費は前年度比1.3%増の5兆1911億円となり、6年連続の増額であった。さらに政府は、2019年度から5年間の次期中期防衛力整備計画で、防衛関係費の伸び率を現行の年0.8%から1%超に拡大する方針を固めている。さらに平成29年度の防衛省所管の補正予算案は2345億円であり、補正予算も含めた防衛関係費の巨大さを直視すべきである。

　平和憲法を掲げる日本にとって、平和問題は憲法問題であり、平和研究は憲法研究でもある。平和研究としての憲法研究にとって、上記に一端を描いた目下の状況は、足元が崩れる危機という意味で、きわめて深刻な事態といえる。

　本学会をはじめこれまでなされてきた思索の到達点を思いつつ、他方で政治

が日本国憲法のテキストを飲み込み、平和国家としての実質を変質させつつある現状を考えるとき、その落差には目が眩む。このままだと日本における平和研究は大きなダメージを被るものと覚悟しなければなるまい。

　共有された物語たる「平和国家」を語り続けるためには、憲法と平和とのつながりがすっかり見えなくなる前に、これからの日本の「包括的な平和政策パッケージ」とともに、平和憲法を再定位する必要がある。それは、日本国憲法の下で、「恒久の平和を念願し、人間相互の関係を支配する崇高な理想を深く自覚する（前文第2段落）」われら日本国民の課題というべきであろう。

　※文中の数値について、http://www.mod.go.jp/j/yosan/yosan.html。

青井未帆

日本平和学会設立趣意書

　1960年代後半から平和研究の世界各地での制度化の傾向にはいちじるしい進展が見られる。しかし日本においては，未だ制度としての平和学会は存在せず，戦後28年を経てわれわれは，おくればせながら日本の平和研究の立ちおくれについて自覚せざるをえない状況に立ちいたった。世界でユニークな平和外交の展開さるべき日本外交の動きの鈍重さの理由も，ここに一つの原因を発見さるべきであろう。これは日本国内の問題としてのみ提起さるべきではない。むしろ，世界的な問題として提起さるべきであろう。

　われわれは早急にこの立ちおくれを克服し，被爆体験に根ざした戦争被害者としての立場からの普遍的な平和研究を制度化しようと考えている。他方，70年代の日本は今後アジアの小国に対しては，再び加害者の立場に移行する危険性をも示しはじめている。日本平和学会はあくまで戦争被害者としての体験をすてることなく，将来日本が再び戦争加害者になるべきでないという価値にもとづいた科学的，客観的な平和研究を発展させようと考えている。研究は客観的，科学的であるべきであるが，研究の方向づけにおいてけっして道徳的中立性はありえない。

　われわれは行動科学的かつ計量的な研究方法を十分に使用することはもちろんであるが，他方，伝統的な歴史的あるいは哲学的方法の長所もすてることなく育成してゆきたい。多様な研究方法を統合して長期的な平和の条件を確立するために役立つ真に科学的，客観的な戦争と平和に関する研究を促進，発展させることが本学会設立の真のねらいである。

　われわれは研究成果が現存制度によって利用されることを望む。しかし他方，われわれは決して単なる政策科学にとどまることに同意しない。現存制度による知識の悪用に対しては絶えざる批判を続けるいわゆる批判科学をも発展させたいと考えている。

1973年 9 月

（注）

本設立趣意書第 2 段にある「アジアの小国」について，趣意書が書かれた時点の意図は判明しないが，現在の観点からすると誤解を招きかねず，適切とはいえない表現であると判断する。しかし，本趣意書の歴史的文言としての性格に鑑みて，

趣意書そのものを書き改めるわけにはいかないと判断し，原文のままとして，本注記を付すこととした。日本平和学会は，日本が大国であると考えるわけでも，アジアの国々を大国，小国と区分けしようとする意図があるわけでもないことをお断りしておく。

（2004年11月6日，第16期理事会）

日本平和学会第23期（2018年1月1日～2019年12月31日）

【執行部】

会　　　長　黒田俊郎　　　　　　　副　会　長　竹中千春　ロニー・アレキサンダー

企画委員長　佐伯奈津子　　　　　　副企画委員長　佐藤史郎

編集委員長　浪岡新太郎　　　　　　広報委員長　竹峰誠一郎

国際交流委員長　奥本京子　　　　　学会賞選考委員長　阿部浩己

平和教育プロジェクト委員長　高部優子

「3・11」プロジェクト委員長　蓮井誠一郎

『戦争と平和を考えるドキュメンタリー50選』WG主任　石田淳

第二期全国キャラバンWG主任　木戸衛一

将来構想WG主任　竹中千春

事　務　局　長　清水奈名子

【理事】＊は地区研究会代表者

［北海道・東北］　小田博志　＊清末愛砂　黒崎輝　鴫原敦子

［関東］　青井未帆　阿部浩己　石田淳　上村英明　内海愛子　遠藤誠治　勝俣誠

　　　　　川崎哲　小林誠　酒井啓子　清水奈名子　高原孝生　高部優子　竹中千春

　　　　　竹峰誠一郎　蓮井誠一郎　＊平井朗　古沢希代子　堀芳枝　浪岡新太郎

　　　　　毛利聡子　米川正子

［中部・北陸］　黒田俊郎　佐伯奈津子　＊佐々木寛　高橋博子

［関西］　奥本京子　＊木戸衛一　君島東彦　佐藤史郎　田中勝　原田太津男

　　　　　山根和代　ロニー・アレキサンダー

［中国・四国］　＊石井一也　佐渡紀子

［九州］　近江美保　＊木村朗

［沖縄］　島袋純　＊鳥山淳

【監事】大平剛　横山正樹

【委員会】＊は委員長

［企画委員会］　小田博志　片岡徹　＊佐伯奈津子　佐藤史郎　四條知恵　高橋良輔
　　　　　　　　高林敏之　鶴田綾　内藤酬　中村文子　長谷部貴俊　藤岡美恵子
　　　　　　　　前田幸男

［編集委員会］　（以下は22期委員・業務継続中）青井未帆　臼杵陽　君島東彦
　　　　　　　　佐藤壮広　鈴木規夫　柳原伸洋　渡辺守雄
　　　　　　　　（以下は23期委員）阿知良洋平　齋藤民徒　孫占坤　＊浪岡新太郎
　　　　　　　　前田輪音

［広報委員会］　秋山肇　猪口絢子　大野光明　＊竹峰誠一郎　鈴木真奈美　高橋博子
　　　　　　　　勅使川原香世子　平林今日子

［国際交流委員会］　＊奥本京子　加治宏基　片野淳彦　君島東彦　児玉克哉
　　　　　　　　　　佐々木寛　古沢希代子　松野明久

［学会賞選考委員会］　＊阿部浩己　勝俣誠　佐渡紀子　横山正樹

［平和教育プロジェクト委員会］　奥本京子　笠井綾　杉田明宏　鈴木晶　＊高部優子
　　　　　　　　　　　　　　　　暉峻僚三　中原澪佳　堀芳枝　松井ケティ
　　　　　　　　　　　　　　　　山根和代　ロニー・アレキサンダー

［「3・11」プロジェクト委員会］　藍原寛子　鴫原敦子　高橋博子　徳永恵美香
　　　　　　　　　　　　　　　　　＊蓮井誠一郎　平井朗

［『戦争と平和を考えるドキュメンタリー50選』WG］
　＊石田淳　上野友也　小松寛　佐藤史郎　清水奈名子　下谷内奈緒

［将来構想WG］　黒田俊郎　佐々木寛　清水奈名子　＊竹中千春

日本平和学会会則

第1条　本会の名称は日本平和学会（The Peace Studies Association of Japan [PSAJ]）とする。

第2条　本会は国家間紛争に焦点をおき，これに関連したあらゆる紛争の諸原因と平和の諸条件に関する科学的研究を行い，関連諸領域の学問的発展に資することを目的とする。

第3条　本会は次の活動を行う。

　(1)　研究会および講演会の開催

　(2)　会員の研究成果の刊行

　(3)　内外の学会その他関連諸機関との連絡および学者間の交流

　(4)　その他本会の目的を達成するに必要かつ適当と思われる諸活動

第4条　本会への入会は会員2名の推薦を要し，理事会の議を経て総会の承認を得なければならない。また，在外会員（留学生は除く）については，しかるべき研究機関の推薦状によって会員2名の推薦に代替させることができる。ただし，本会の研究成果が戦争目的に利用されるおそれのある機関あるいは団体に属するものは原則として入会できない。

第5条　会員は本会の刊行物の配布を受け，各種の会合に出席することができ，完全な投票権行使の権利と役員になる権利を持つ。

第6条　退会を希望する会員は会長宛てに退会届を提出し，事務局（業務委託先）に退会届が到着した日付をもって，退会したものとする。既納の会費は事由の如何を問わず，これを返還しない。

第7条　会員は所定の会費を納める。2年以上にわたって会費を納めない者は原則として会員たる資格を失う。

第8条　会員は退会する場合，会費未納につき会員たる資格を失う場合のいずれも，未納会費を清算する。

第9条　会員としての権利の濫用がなされた場合，また平和学会の目的に反する活動を主宰あるいはこれに参加した場合は，一定の手続きを経たうえで，本会から除名されることがある。

第10条　通常総会は毎年1回，臨時総会は必要に応じ理事会の議を経て，会長

が招集する。

第11条　総会の決議は出席した会員の過半数による。ただし，会則の変更は出席した会員の3分の2以上の同意をもってこれを決定する。

第12条　本会に理事を若干名おく。

第13条　理事は会員の投票に基づき，総会において選出される。理事は理事会を構成し，学会の業務を管掌する。理事の任期は2年とし，再選を妨げない。

第13条の2

(1)　理事会の定足数は，出席者および委任状提出者を併せ，理事の過半数とする。

(2)　理事会の決議は，出席者および委任状提出者合計の過半数の賛成をもって成立する，ただし，会則の変更その他理事会自らが指定した重要事項については，同三分の二以上の賛成によるものとする。

(3)　特に必要と認める場合，理事会は，単純多数決で行う別の決議により，理事会決議の成立を出席しかつ投票する者の三分の二以上の賛成にかからしめることができる。この場合，定足数は，理事の過半数の出席とする。

第14条　会長は理事の中から互選される。会長は本会を代表し，その業務を統轄する。会長の任期は2年とする。

第15条　会長は理事の中から副会長および他の役員を指名できる。副会長は会長を補佐し，かつ会長がその職務を執行できない場合には，会長の職務を代行する。副会長の任期は2年とする。

第16条　本会に賛助会員を置くことができる。賛助会員については別に定める。

第17条　本会に名誉会員を置くことができる。名誉会員については別に定める。

第18条　本会の会費は年10,000円とする。ただし，学生会費は年5,000円とする。

第19条　会計年度は4月1日から翌年3月31日までとする。

第20条　本会に事務局を置く。事務局の所在は別に定める。

付則

1．この会則は1973年9月10日より実施する。

2．この会則は1979年11月24日より実施する。

3．この会則は1988年6月5日より実施する。

4．この会則は1990年11月24日より実施する。

5．この会則は1991年11月9日より実施する。

6．この会則は1993年11月14日より実施する。

7．この会則は1994年11月21日より実施する。

8．この会則は1996年6月15日より実施する。

9．この会則は2001年6月2日より実施する。

10．この会則は2004年11月6日より実施する。

11．この会則は2010年11月6日より実施する。

12．この会則は2017年11月25日より実施する。

倫理綱領

(1)　会員はすべて平和に資する研究を行う。

(2)　会員はすべて研究に際して社会的責任を自覚する。

(3)　会員はすべて軍事化に加担しない。

再入会に関する規則

(目的)

第1条　この規則は，日本平和学会会則（以下「会則」という）第4条に基づ
き，日本平和学会（以下「本会」という）への再入会について必要な
事項を定めるものとする。

(再入会手続き)

第2条　本会への再入会希望者は，会員2名の推薦を得て所定の再入会申込書
を提出し，理事会の議を経た後，総会の承認を得なければならない。

(滞納会費)

第3条　会則第7条に基づき会費を滞納して会員たる資格を失った者が再入会
を希望する場合は，再入会の際，1年分の会費を納入することとする。
なお納入する会費額は，再入会時点での会費額とする。

(補則)

第4条　この規則の実施に関し必要な事項は，理事会の決定に従い，会長が別

に定めるものとする。

（改正）

第5条　この規則は，必要と認めた場合，理事会の決議により改正することができる。

附則

この規則は，2015年11月28日より実施する。

理事会電子メール審議規程

第1条　この規程は，日本平和学会会則第11条（理事会の構成と任務）および第11条の2（理事会の定足数と決議）を補うものとして定められる。

第2条　理事会は，迅速な対応を求められる重要な案件について決議を成立させるために，電子メール審議を行うことができる。電子メール審議は，全理事を網羅している理事会メーリングリストを利用して行うものとする。

第3条　電子メール審議は，重要な案件について緊急に必要な場合に限るものとし，電子メール審議の案件を提案できるのは会長のみとする。

第4条　提案の電子メールが発信されてから1週間程度を審議期間とする。

第5条
　（1）　電子メールの発信内容は，受信者にとってわかりやすい表示および内容とする。
　（2）　タイトル欄の冒頭に【日本平和学会理事会電子メール審議 mm/dd まで】と表示する。
　（3）　審議案件は明確な表現にて下記を簡潔にまとめる。
　　・審議案件
　　・審議依頼内容
　　・賛否回答の要請（依頼は賛成，反対を明確に表明できる構成とする。）
　　・回答期限（期日・時間を明確にする。）

第6条　審議内容に意見がある場合は，審議参加者全員宛に意見を送る。

第7条　回答期限までに，理事総数の3分の1以上の理事が異議を表明しない

場合，その提案は承認されたものとし，理事会の決議として成立する。

第8条　電子メール審議のプロセスで，提案に修正を求める意見が表明された場合，会長は当初の提案を修正して再提案することができる。その後のプロセスも上記第4条から第7条の規定にしたがう。

第9条　電子メール審議にかかわるメールは，学会事務局が保管する。

第10条　成立した決議の内容は，会長が次の理事会で報告する。

附則　この規程は，2016年3月20日より実施する。

賛助会員に関する規則

（目的）

第1条　この規則は，日本平和学会会則（以下「会則」という）第14条に基づき，日本平和学会（以下「本会」という）の賛助会員について必要な事項を定めるものとする。

（賛助会員の定義）

第2条　賛助会員とは，本会の目的及び活動に賛同する法人又は団体とする。

第2条の2　賛助会員は，本会における投票権行使の権利と役員になる権利を持たない。

（入会手続き）

第3条　賛助会員になろうとする者は，理事1名を含む会員2名の推薦を得て所定の入会申込書を提出し，理事会の議を経た後，総会の承認を得なければならない。

（会費）

第4条　賛助会員は次の会費（年額）を納入しなければならない。

第4条の2　賛助会員の会費は1口30,000円（年額）とする。

（賛助会員の特典）

第5条　賛助会員は次の特典を享受することができる。

（1）　本会が刊行する学会誌の配布（各号1冊）を受けること。

（2）　本会が発行するその他の刊行物の配布を無料で受けること。

（3）　研究大会及び研究集会において報告を行い，又は学会誌に投稿すること。

(4) 研究大会及び研究集会の懇親会に 2 名まで無料で参加すること。

(5) 本会の行う各種の行事に参加すること。

（退会）

第 6 条　賛助会員は所定の退会届を会長に提出することにより，いつでも退会
　　　　することができる。

第 6 条の 2　2 年以上にわたって会費を納めないものは，原則として賛助会員
　　　　たる資格を失う。

第 6 条の 3　第 1 項の場合，既納の会費は事由の如何を問わず，これを返還し
　　　　ないものとする。

（補則）

第 7 条　この規則の実施に関し必要な事項は，理事会の決定に従い，会長が別
　　　　に定めるものとする。

（改正）

第 8 条　この規則は，必要と認めた場合，理事会の決議により改正することが
　　　　できる。

附則

この規則は，2015年7月18日より実施する。

名誉会員規定

(1) 理事会は，理事を20年以上務めるなど本学会に多大の貢献のあっ
　　た70才以上の会員を，本人の同意を得て，名誉会員とすることができ
　　る。理事会は，これを総会に報告する。

(2) 名誉会員は会費納入義務を負うことなく会員の資格を継続するが，
　　理事選挙における選挙権および被選挙権ならびに総会における議決権
　　を有さない。

日本平和学会

会長　黒田俊郎
事務局
　　321-8505 宇都宮市峰町350
　　宇都宮大学学術院・国際学部 清水研究室
　　E-mail: office@psaj.org
　　http://www.psaj.org/

平和研究と憲法［平和研究 第50号］

2018年12月25日　初版第1刷発行

　　　　　　編　者　日本平和学会
　　　　　　発行者　須　賀　晃　一
　　　　　　発行所　株式会社 早稲田大学出版部
　　　　　　　　　　169-0051 東京都新宿区西早稲田1-9-12
　　　　　　　　　　☎03-3203-1551
　　　　　　　　　　http://www.waseda-up.co.jp/
　　　　編 集 協 力　有限会社アジール・プロダクション
　　　　印刷・製本　精文堂印刷株式会社

Ⓒ 2018　日本平和学会　　　　　　　　　　Printed in Japan
　　　　　　ISBN978-4-657-18016-2
　　　　　　ISSN（国際標準逐次刊行物番号）0385-0749

平和研究バックナンバー

第1号　特集＝平和研究の方法／第2号　特集1＝平和価値，特集2＝平和教育／第3号　特集＝日本国憲法—国内体制と平和／第4号　特集1＝平和運動の理論と行動，特集2＝国連軍縮特別総会，特集3＝世界秩序の諸問題／第5号　特集1＝現代日本の平和保障，特集2＝現代日本の平和教育／第6号　特集1＝国際紛争の構造と解決，特集2＝アジア平和研究国際会議／第7号　特集1＝生活様式と平和，特集2＝平和教育学への展望，特集3＝非軍事化の探究／第8号　特集＝新国際軍事秩序を解剖する／第9号　特集1＝戦後史におけるヒロシマ・ナガサキ，特集2＝アジアの平和秩序のために，特集3＝平和研究の現段階と平和学の課題／第10号　特集1＝日本の"平和保障"を求めて，特集2＝平和と地域—アフリカの飢えと国際政治／第11号　特集1＝日本型管理社会と労働，特集2＝核時代の平和と第三世界，特集3＝アパルトヘイト／第12号　特集＝エスニシティ問題／第13号　特集1＝日本のODAを考える，特集2＝戦争体験から核軍縮へ／第14号　特集1＝言語政治学と平和の課題，特集2＝天皇・軍隊・戦争／第15号　特集＝科学と平和／第16号　特集＝グローバルデモクラシー／第17号　特集＝自治体の平和外交／第18号　特集＝冷戦後の平和研究／第19号　特集＝Peaceful Change—平和的改革へ／第20号　特集＝21世紀へのオールタナティブ—平和秩序を求めて／第21号　特集＝「持続可能な発展」と日本の選択／第22号　特集＝地球市民社会の安全保障—冷戦後平和秩序の条件／第23号　特集＝再び自律と平和—沖縄が提起する問題／第24号　特集＝いま日本の「国際貢献」を問う／第25号　特集＝20世紀の戦争と平和／第26号　特集＝新世紀の平和研究／第27号　特集＝「人間の安全保障」論の再検討／第28号　世界政府の展望／第29号　芸術と平和／第30号　人道支援と平和構築（3200円）／第31号　グローバル化と社会的「弱者」（3200円）／第32号　スピリチュアリティと平和（3200円）／第33号　国際機構と平和（3200円）／第34号　アジアにおける人権と平和（3200円）／第35号　「核なき世界」に向けて（3200円）／第36号　グローバルな倫理（2200円）／第37号　世界で最も貧しくあるということ（2200円）／第38号　体制移行期の人権回復と正義（2200円）／第39号　平和を再定義する（2200円）／第40号　「3・11」後の平和学（2200円）／第41号　戦争と平和の法的構想（2200円）／第42号　平和の主体論（2200円）／第43号　「安全保障」を問い直す（2200円）／第44号　地域・草の根から生まれる平和（2200円）／第45号　「積極的平和」とは何か（2200円）／第46号　東アジアの平和の再創造（2200円）／第47号　脱植民地化のための平和学（2200円）／第48号　科学技術の暴力（2200円）／第49号　信仰と平和（2200円）

早稲田大学出版部刊（表示価格は本体価格。第1号〜第29号は品切れ）